Uli Weissbrod

GENUSSVOLLE E-BIKE-TOUREN Schwarzwald

Mit dem Rad
zu den schönsten
Einkehr-Orten

J. BERG

Liebe Leserinnen und Leser!

Sie haben sich für den brandneuen E-Bike-Genussführer Schwarzwald entschieden und haben damit eine echt gute Wahl getroffen. Der Schwarzwald ist nicht nur eine der beliebtesten Ferienregionen Deutschlands für Aktivurlauber, sondern auch eine immens abwechslungsreiche. Den Genuss, den dieser E-Bike-Führer im Titel verspricht, können Sie auf den folgenden Seiten und in den vorgeschlagenen Touren gleich auf dreifache Weise erleben.

Vielfältige Landschaften

Allen voran natürlich den landschaftlichen Genuss der Schwarzwaldregion, die auf insgesamt 8000 Quadratkilometern mit über 24 000 Kilometern Rad- und Wanderwegen für wirklich jeden Anspruch und jeden Geschmack von Radlern etwas bereithält.

So führen unsere Touren in Deutschlands höchstem und größtem zusammenhängenden Mittelgebirge hinauf auf aussichtsreiche Gipfel mit herrlichen Rundblicken bis in die benachbarten Regionen Elsass und Vogesen, die Nordwestschweiz, hinüber zur Schwäbischen Alb und hinunter durch malerische Täler. Wir streifen versteckte kleine Karseen und Weiher (etliche davon mit Bademöglichkeit) und ziehen oft kilometerlang durch alte Misch- oder Nadelwälder.

Ein Genuss für den Gaumen

Der Schwarzwald ist aber auch als Genussregion weit über seine Grenzen hinaus bekannt. Seit Jahrzehnten ist die Gegend um Baiersbronn nahe Freudenstadt ein Hort der Sternegastronomie – aber in den letzten Jahren hat sich eine sehr lebendige und qualitativ vielseitige Gasthaus- und Restaurantkultur (weiter)entwickelt, die auf Regionalität und Saisonalität setzt. Die Szene reicht vom urigen Dorfwirtshaus bis hin zu neu gestalteten Weingutrestaurants.

Jedes der vorgestellten Gasthäuser habe ich selbst besucht und gebe daher rein subjektiv meine Empfehlung ab. Das gilt auch für die vorgeschlagenen Weingüter und Genusshandwerker – die dritte Genussebene in diesem E-Bike-Führer.

Lassen Sie sich inspirieren von dieser wunderschönen Region und ihren Menschen.

Blick vom Kandelfelsen hinab nach Waldkirch

INHALTSVERZEICHNIS

Ihre Touren

Nordschwarzwald

Hochschwarzwald

7

Zur Grablege der Zähringer

Vom Dreisamtal nach St. Peter

Seite 60

8

Vom Schuttertal zum Rauhkasten

Kulturerbe
Burg Hohengeroldseck

Seite 68

9

Ein Dörflein nahe am Himmel

Rund um das
Bioenergiedorf Freiamt

Seite 74

10

Baden-Baden einmal anders

In der Vorbergzone
um die Kurstadt

Seite 80

11

Wo der Schwarzwald die Baar trifft

Von Furtwangen zum
Donauursprung

Seite 84

Hier die schönsten Touren

TOUR 12/ SEITE 90
Glücksgefühle pur, wenn der Gipfel geknackt ist, und Freude auf die lange Abfahrt

TOUR 18/SEITE 126
Unterschiedlicher können Schwarzwaldseen nicht sein: vier auf einen Streich!

12

Auf den Blocksberg des Schwarzwalds

Anstieg in die Bergwelt
des Kandels

Seite 90

Südschwarzwald

Tourenfinder

Nr.	Tourname										
1	Dem blauen Gold auf der Spur	mittel	51 km	710 Hm	3 Std.	✓	✓		✓		✓
2	Zum Hohlohturm auf dem Kaltenbronn	mittel	53 km	980 Hm	3 Std.	✓			✓		✓
3	Mühlendorftour Ottenhöfen	schwer	33 km	1000 Hm	2,5 Std.	✓			✓		✓
4	Aufstieg zur Passhöhe Landwassereck	mittel	35 km	680 Hm	2 Std.	✓			✓		✓
5	Oppenauer Renchtal-Runde	mittel	36 km	650 Hm	2,5 Std.	✓			✓		✓
6	Drei-Flüsse-Tour um den Ochsenkopf	mittel	36 km	680 Hm	3-3,5 Std.	✓	✓		✓		✓
7	Zur Grablege der Zähringer	mittel	35 km	780 Hm	2 Std.	✓	✓		✓		✓
8	Vom Schuttertal zum Rauhkasten	mittel	40 km	600 Hm	2,5 Std.	✓				✓	✓
9	Ein Dörflein nahe am Himmel	mittel	40 km	900 Hm	2,5 Std.	✓			✓		✓
10	Baden-Baden einmal anders	leicht	40 km	550 Hm	2,5 Std.	✓	✓		✓		✓
11	Wo der Schwarzwald die Baar trifft	mittel	49 km	560 Hm	2,5 Std.	✓			✓		✓
12	Auf den Blocksberg des Schwarzwalds	schwer	50 km	1150 Hm	3 Std.	✓				✓	✓
13	Totenkopf und Liliental	mittel	24 km	760 Hm	1,75 Std.	✓		✓	✓		✓
14	Von Bernau aufs Herzogenhorn	schwer	29 km	900 Hm	2 Std.	✓			✓		✓
15	Ibacher Panoramarunde	mittel	34 km	500 Hm	1,75 Std.	✓	✓		✓		
16	Im Namen der Rose	mittel	37 km	580 Hm	2,5 Std.	✓		✓	✓		
17	Verstecktes Zeller Bergland	mittel	38 km	900 Hm	3 Std.	✓			✓		✓
18	Romantische Seen-Tour	mittel	39 km	760 Hm	3 Std.	✓				✓	✓
19	Durch die Wälder der Westbaar	mittel	45 km	550 Hm	2,25 Std.	✓	✓	✓	✓		✓
20	Einmaliges Kleinod Sommerau	mittel	45 km	530 Hm	3 Std.	✓				✓	
21	Grenzgängertour am Hochrhein	leicht	52 km	280 Hm	2,5 Std.	✓	✓	✓	✓		
22	Rhein- und Weinrunde	mittel	62 km	400 Hm	3,5 Std.	✓	✓	✓	✓		✓

Der Weg ist das Ziel …

Alles, was Sie wissen müssen und brauchen für Ihre Tour

Das Wanderparadies Schwarzwald, dessen umfangreiches Wegenetz vom Schwarzwaldverein so vorbildlich gepflegt wird, ist seit dem Siegeszug des E-Bikes selbstredend auch ein Radelparadies. Dabei kommen alle bekannten Arten des Fahrrads hier zum Einsatz!

Auf den vielen Passstraßen der Region werden Ihnen immer wieder Rennradfahrer begegnen, die hier mit sich und ihrem inneren Schweinehund kämpfen, um Höhenmeter auf dem Asphalt zu schrubben. Die Straße von Günterstal hinauf auf den Freiburger Hausberg Schauinsland zum Beispiel oder die Straßen von Todtnau bzw. vom Titisee hinauf zum Feldbergpass können ein Lied davon singen.

Wildsee (l.) und Hornsee: wie zwei Augen im Schwarzwald

Für sportliche Mountainbiker wurden von verschiedenen Schwarzwald-Gemeinden oder Vereinen im Wald regelrechte Bikeparks bzw. -parcours eingerichtet und

In der Schwarzwaldregion ist das E-Bike ein bestens geeignetes Fortbewegungsmittel und Sportgerät gleichermaßen. Ob einem der Sinn nach Genussradeln oder nach Höchstleistung steht, zwischen weiten Tälern und aussichtsreichen Gipfeln findet sich für jeden Geschmack eine Tour.

teils sehr anspruchsvolle Trails im Wald errichtet. Auch haben etliche Fahrrad-Events wie der »Black Forest Ultra Bike Marathon« im Dreisamtal und dem Hochschwarzwald, das Bergzeitfahren »Schauinslandkönig«, die »Gravel Rallye Black Forest« oder der »Schwarzwald Bike Marathon« – um nur einige zu nennen – längst ihren festen Platz im Jahreskalender der ambitionierten Biker.

Wir Genuss-E-Biker hingegen lassen es gemächlicher angehen, gehört doch zum Genuss nicht nur der gelegentliche Stopp an einer Strauße, einem Vesperplatz oder

Sehnsucht nach Weite: Da geht das Herz auf

Prachtvolle Ausblicke über das Ibacher Hochtal bis zum Schweizer Alpenpanorama nach Süden und in die Feldbergregion nach Nordosten

Ibacher Panoramarunde Seite 112

einem Badesee – sondern in erster Linie das regelrechte Aufsaugen der fulminanten Landschaftsbilder, die der Schwarzwald offeriert, sei es an rauschenden Wasserfällen, Burg- oder Klosterruinen, auf Passrücken, Bergkuppen oder Hochmoorzonen.

Durch das oft stete Auf und Ab der einzelnen Runden ist das E-Bike wie für den Schwarzwald geschaffen. So hilft die Akkuunterstützung beim Erklettern der wellenartigen Höhenzüge in der Vorbergzone, wie bei den teils steilen Schotterwegen in den Weinbergen und natürlich bei den Gipfelanstiegen zu einem der »Big Five«.

Nichtsdestotrotz gilt es, auch beim E-Bike Vorsicht und Umsicht walten zu lassen. Die

Das Ibacher Hochtal mit phänomenalem Panorama

Viele schmale Pfade sind für Radler freigegeben.

allermeisten Routen führen über erdgebundene, teils geschotterte Waldwege, die ordentlich breit sind und von Wanderern wie von E-Bikern genutzt werden dürfen. Hin und wieder führen auch schmalere Pfade zum Ziel, die aber auch witterungsabhängig oder wurzelüberzogen mehr fahrerisches Können verlangen als der Waldweg.

Hier heißt es, einfach mit gesundem Menschenverstand die eigenen Fähigkeiten abzuschätzen und dort, wo es zu unsicher wird, auch mal abzusteigen und ein paar Meter zu schieben. Das hat noch niemandem geschadet – und es ist besser, wenn Mensch und Maschine heil bleiben, als dass die Bergwacht ausrücken muss. Nach wie vor kann es regional – bedingt durch Holzeinschlag oder die aufwendige Beseitigung von Sturmschäden oder Käferholz – gelegentlich zu einzelnen Streckensperrungen kommen. Dabei sind aber die Umleitungen meist ausgeschildert und die jeweiligen Tourismusinformationen vor Ort können darüber vor dem Tourstart entsprechend Auskunft geben.

Einige der schönsten Schwarzwaldmühlen am Weg

Mühlenklappern an rauschenden Bächen
Mühlendorftour Ottenhöfen Seite 34

Das richtige E-Bike für den Schwarzwald

Der Siegeszug des E-Bikes ist – auch wenn die Coronapandemie vorbei ist – nicht mehr aufzuhalten. Eine Studie der Unternehmensberatung Ernst & Young vom Juni 2023 weist nach, dass E-Bikes für die Fahrradindustrie die klaren Wachstumstreiber sind. So werden sie auf dem Fahrradmarkt bis 2028 voraussichtlich 80 Prozent des europäischen Umsatzvolumens ausmachen. In Deutschland und den Niederlanden machen E-Bikes bereits heute über 80 Prozent des nationalen Fahrradumsatzes aus. Dabei ist Deutschland der größte europäische Markt für Fahrräder und repräsentiert auch bei E-Bikes 45 Prozent des Gesamtumsatzes in Europa!

Bewegt man sich mit dem E-Bike in der freien Natur, hat man, was die Fahrradvariante angeht, die Qual der Wahl unter den verschiedenen Modellvarianten, und die Hersteller rüsten immer weiter auf. Die wesentlichen unterschiedlichen Typen sind:

Rennrad- und Gravel-E-Bikes: Rennräder zeichnen sich durch ihr geringes Gewicht aus, um eine hohe Geschwindigkeit auf ebenem Untergrund zu gewährleisten; Gravelbikes wurden vom Rennrad abgeleitet – sind aber geländegängig!

City- und Urban-E-Bike: Cityräder sind für kurze Strecken und niedrige Geschwindigkeiten gemacht, Urbanräder zeichnen sich zudem durch ein sportliches und insgesamt reduziertes Design aus.

E-Trekkingbikes: Trekkingräder stellen eine Mischung aus Citybikes und Mountainbikes dar. Sie weisen fast immer einen Gepäckträger bzw. Halterungen für Satteltaschen auf und sind auch für längere Strecken bestens geeignet.

E-Mountainbikes (E-MTB): Mountainbikes sind mit starker Federung für steile Abfahrten und unebene Strecken gebaut. Angeboten werden 2 Varianten – das sogenannte »Hardtail« und das »Fully«. Der größte Unterschied zwischen den beiden MTB-Modellen ist die zusätzliche Hinterbaudämpfung beim Fully. Sie haben speziell in anspruchsvollerem Gelände mit diversen Unebenheiten den Vorteil einer besseren Traktion und Stabilität, da die doppelte Radfederung einen besseren Ausgleich zu den Bodenunebenheiten schafft und für eine bessere Balance beim Fahren sorgt.

Mühlenjuwel bei Ottenhöfen: die Rainbauernmühle

Klosterinsel Rheinau

Das ehemalige Kloster ist ein Prunkstück des Hochbarocks in der Schweiz. Teilstücke der Route können auch per Schiff bewältigt werden.

Grenzgängertour am Hochrhein Seite142

Für Schwarzwaldtouren, so wie in diesem Führer vorgestellt, ist das E-Rennrad nicht geeignet, das E-Gravelbike bedingt, das City-E-Bike nur sehr bedingt (die jeweiligen Tourenbeschreibungen weisen entsprechend darauf hin). In jedem Fall geeignet sind das E-Trekkingbike sowie das E-Mountainbike.

Nochmals kurz aus der Studie von Ernst & Young: In einigen Fahrradsegmenten setzen sich E-Bikes fast vollständig durch, zum Beispiel beim Mountainbike. So waren 90 Prozent der im Jahr 2022 in Deutschland verkauften Mountainbikes mit Elektromotor ausgestattet, also E-Mountainbikes.

Ich selbst bin sämtliche Touren mit großer Freude abwechselnd auf einem meiner beiden persönlichen E-Mountainbikes gefahren und habe keinen Deal mit irgendeinem Hersteller.

Beschilderung: Gewusst, wohin!?!

Grundsätzlich ist die Beschilderung der Wander- und Radwege in der Schwarzwaldregion gut, wenngleich – da nicht einheitlich – mitunter etwas verwirrend. In erster Linie sorgt der Schwarzwaldverein mit seinen vielen ehrenamtlichen Unterstützern für eine ganz prima Wegweisung, für die dem Verein nicht genug gedankt werden kann!

Allerdings gibt es keine zentrale, kompatible Wegführung, da Radwegbeschilderungen auch durch manche Tourismusbüros, die Landkreise, Kommunen und touristische Marketing-Initiativen des Landes Baden-Württemberg erfolgen.

Vom Schwarzwaldverein beschildert und betreut wird der Schwarzwald-Radweg (das Fahrrad-Pendant zum berühmten Westweg), der über 375 Kilometer von Karlsruhe bis nach Lörrach führt und für den sechs Tagesetappen empfohlen werden.

Für sportlich ambitionierte E-Mountainbiker wurde eine Route mit Berg- und Talfahrt, mit Herausforderungen in schwierigem Gelände, atemberaubenden Abfahrten und anstrengenden Anstiegen aufgelegt: die Route Bike-Crossing oder auch Bike X-ing Schwarzwald. Rund 440 Kilometer lang führt sie von Pforzheim nach Bad Säckingen und ist durchgehend markant gelb-blau ausgeschildert.

Manche Radwege sind auch als Landkreisradwege oder kommunale Radwege grün-weiß markiert. Haupt- und Unterziele sowie die Entfernungsangaben weisen auf die Streckenziele sowie deren Entfernung hin. Das entsprechende Fahrradpiktogramm weist die Strecke als allgemeinen Fahrradweg oder als Mountainbike-Route aus. Kombinationen aus beiden Piktogrammen sind möglich.

Auf den Touren in diesem Führer werden Sie immer wieder auf die verschiedensten Radwegweiser stoßen, manchmal decken sich die hier vorgestellten Routen auch auf Teilstrecken mit kommunalen oder Themenradwegen.

Die Streckenbeschreibungen im Führer sind so gehalten, dass immer ausreichend Zwischenziele und Wegpunkte angegeben sind. Im unwahrscheinlichen Fall, dass man sich doch einmal »verfranzt«, helfen auf jeden Fall die nächsten Kreuzungswegweiser des Schwarzwaldvereins, auf denen viele Wegpunkte gelistet sind, mit denen man schnell wieder in die richtige Spur findet.

Wanderer und E-Biker: Es geht nur miteinander

Mehr Menschen im Mittelgebirge Schwarzwald sorgen für mehr Reibung unter den

Zeitgeschichtliches Denkmal: das ehemalige Kloster Rheinau

Der Windgfällweiher: ideal für eine Badepause

Erholungsuchenden. Speziell an den Ausflugshotspots in der Region konkurrieren Wanderer, Mountainbiker, Spaziergänger (gerne mit Hund) und die Freunde allerlei weiterer Trendsportarten um den berühmten Platz an der Sonne. Ein Grundkonflikt: Biken und Wandern finden zum Großteil auf demselben Wegenetz statt. Und beide Sportarten werden immer beliebter. Wobei: Etwa drei Viertel der E-Mountainbiker sind Umsteiger vom normalen Mountainbike. In der Summe gibt es also keinen dramatischen Anstieg an Radfahrern im Schwarzwald durch den E-Antrieb. Und: Rechtlich dürfen Radler fast überall dorthin, wo sich auch Wanderer bewegen.

Zwar gibt es in Baden-Württemberg noch die berüchtigte »Zwei-Meter-Regel«, die vorsieht, dass das Radfahren in baden-württembergischen Wäldern grundsätzlich auf allen Wegen gestattet ist, die breiter als zwei Meter sind. Wobei: Auch auf Wegen, die schmaler sind als zwei Meter, kann das Radfahren erlaubt werden, wenn es durch eine Ausnahmeregelung oder eine entsprechende Beschilderung festgelegt wurde.

Feldsee, Schluchsee, Windgfällweiher und Titisee

Die große Wasserratten-Schwarzwaldrunde
Romantische Seen-Tour
Seite 126

Bei allen Gerüchten über Auseinandersetzungen klappt die Koexistenz - also das friedliche und harmonische Miteinander von Wanderern und E-Bikern - in aller Regel problemlos. In erster Linie treten Schwierigkeiten auf, weil beide Gruppen die gleichen Wege nutzen, allerdings mit stark unterschiedlichen Geschwindigkeiten.

Toleranz, Verständnis und Freundlichkeit gebietet schon allein der gesunde Menschenverstand. In der Tat sollte - vor allem wenn der E-Biker bergab fährt und vor sich Wanderer auf dem gleichen Weg sieht - ein rechtzeitiges Zeichen mit der guten alten Fahrradklingel die Wanderer aufmerksam machen. Oder die Fußgänger animieren, zum Beispiel ihren Hund an die Leine zu nehmen. Andererseits schadet es dem Radler auch nicht, an neuralgischen, schmalen Stellen einmal kurz abzusteigen und die langsameren Wanderer zuerst passieren zu lassen. Ein freundliches »Danke«, »Grüß Gott« oder »Servus« hat außerdem noch niemandem geschadet. Rücksichtnahme ist letztlich das A und O: Wer auf seine Mitmenschen, die Natur und Tiere Acht gibt, kann guten Gewissens im Wald biken.

Touren-Packliste: Was sollte alles dabei sein?

Wenn ich - wie so oft im Schwarzwald - auf dem E-Bike unterwegs bin, bin ich immer wieder verblüfft, dass viele Biker leider ohne **Fahrradhelm** unterwegs sind. Okay - eine gesetzlich vorgeschriebene Helmpflicht für das Fahrrad gibt es in Deutschland nicht. Allerdings kann das Tragen eines Helmes bei einem Sturz schwere Verletzungen verhindern.

Gewusst, wo! Schilderwald an Wegkreuzung

Checkliste für die Radtour: Alles dabei? Alles geprüft?

- Verpflegung ✓
- Genug zu trinken ✓
- Erste-Hilfe-Set ✓
- Regenschutz ✓
- Wechselshirt ✓
- Karte/Smartphone mit Offlinekarte ✓
- Taschenmesser ✓
- Werkzeug, Flickzeug ✓
- Luftpumpe ✓
- Luftdruck der Reifen ✓
- Lichtanlage ✓
- Bremsen ✓
- Kette (Spannung, Öl) ✓
- Ladestand Akku ✓

Rebhänge in der Vorbergzone der Ortenau

Die DEKRA testete und bewertete 2020 das Nutzenpotenzial von Fahrradhelmen in realen Unfallszenarien. Als Fazit der zahlreichen Crashversuche stellte sie fest, dass richtig getragene Fahrradhelme das Risiko schwerer Kopfverletzungen bei einem Unfall – sowohl mit einem Unfallgegner als auch bei einem Sturz ohne Fremdbeteiligung – deutlich reduzieren.

Auch das Verkehrsministerium Baden-Württembergs ließ im Rahmen einer breit angelegten Umfrage das Thema Fahrradhelm und Helmpflicht untersuchen. Nach dieser Studie war bei einem Viertel aller Fahrradunfälle der Kopf betroffen. Helme konnten dabei 20 Prozent der leichten und 80 Prozent der schweren Kopfverletzungen verhindern.

Wichtig für das Tourengepäck (im **Rucksack** oder in den Packtaschen) außerdem: ein **Regenschutz**, ein kleines **First-Aid-Paket**, eine kleine **Luftpumpe** bzw. Druckluft, **Fahrradschlauch** und **Flickzeug**, ein Multitool, ein **Kettenschloss**, ein **Smartphone** mit **GPX-Navigation** und mindestens **ein Liter Flüssigkeit.**

Naturräume Schwarzwald

Wir bewegen uns im Rahmen der hier vorgestellten Touren in den unterschiedlichsten Naturräumen, die aus Rücksicht auf die Unversehrtheit der Natur und den Erhalt für nachfolgende Generationen mit der gebotenen Rücksicht erfahren werden sollten.

Etliche oder auch Teile der hier vorgestellten Touren bewegen sich innerhalb von Naturschutzgebieten (NSG), Vogelschutzgebieten, Fauna-Flora-Habitaten, Naturparks und auch des Nationalparks. E-Biker sind auch und gerade im Nationalpark willkommen! Aber – genauso wie für Wanderer gelten natürlich auch für Fahrradfahrer Regeln:

- Wildtiere nicht stören und deshalb immer auf den Wegen bleiben
- Feuer (etwa zum Grillen) ausschließlich an den dafür bestimmten und entsprechend ausgeschilderten Plätzen machen
- Keinerlei Abfälle hinterlassen
- Hinweisschilder und Absperrungen auch zur eigenen Sicherheit beachten (Forstarbeiten!)
- Auf den empfohlenen Wanderwegen bleiben; die Natur ist ohnehin genug

Der mächtigste Bergrücken des Mittleren Schwarzwalds wird erobert. Aus dem wildromantischen Simonswälder Tal geht es ganz nach oben.

Auf den Blocksberg des Schwarzwalds, Seite 90

unter Druck und braucht ungestörte Rückzugsräume; auch ausgewiesene Schutzgebiete nicht betreten

- Vorsicht nach Stürmen: Ast- und Stammbruchgefahr!
- Keine Wildpflanzen ausgraben; Bärlauch, Maiglöckchen, Schlüsselblumen und andere waldtypische Wildstauden im Staudenfachhandel kaufen
- Tierbauten wie Fuchs- und Dachsbaue, Ameisenhaufen und Vogelnester in Ruhe lassen
- Keine kranken oder verletzten Tiere anfassen, stattdessen Förster, Jagdpächter oder Mitglieder eines Naturschutzverbandes informieren
- Bäume und Sträucher nicht beschädigen
- Nutzung von Drohnen ist untersagt

Der mächtige Bergrücken des Kandels will erobert werden.

1

Für Naschkatzen und Leckermäuler

Wenn zwischen Ende Juni und September die Heidelbeeren reif sind, wachsen sie rund um das Heidelbeerdorf Enzklösterle daumengroß und so zahlreich, dass sie beinahe im Vorbeifahren vom Sattel aus gepflückt werden können. Pflichteinkehr im Heidelbeerhaus zu Heidelbeertorte, Blaubeermarmelade und Heidelbeerwein!

Dem blauen Gold auf der Spur, Seite 22

UNSERE BESTEN TOUREN

Highlights

Die vier »W«: Wald, Wasser, Weitsicht und Wein dominieren die Highlight-Touren in diesem E-Bike-Führer Schwarzwald. Alle vier vorgenannten Einflüsse tragen auf die eine oder andere Weise zum Wohlbefinden von Körper, Geist und Seele auf den Touren in diesem Führer bei. In Kombination sorgen sie sogar für Hochgenuss!

3

Für Mühlenromantiker

Für den an historischen Mühlen nicht gerade armen Schwarzwald stellt das Achertal mit seinem »Mühlendorf« Ottenhöfen ein besonderes Highlight dar. Ehrenamtler in Heimatvereinen haben dort insgesamt neun unterschiedliche Mühlen behutsam restauriert. Die gute, alte Zeit zum Greifen nah!

Mühlendorftour Ottenhöfen Seite 34

12

Für Gipfelstürmer

Einem knackigen Serpentinen-Aufstieg durch den Wald folgt hinreißende Weitsicht vom Kandel-Gipfelplateau oder gar seiner Pyramide bis weit in die Vogesen. Belohnt werden die Aufstiegsanstrengungen mit einer rasanten Abfahrt auf der alten Kandelstraße durch den Wald ins Elztal.

Auf den Blocksberg des Schwarzwalds
Seite 90

21

Für Faule und Langschläfer

Nahezu ohne (nennenswerte) Steigung kommt diese Tour im deutsch-schweizerischen Grenzgebiet am Hochrhein aus. Perfekt für alle, die sich ohne große Anstrengung auf dem Bike bewegen wollen. Entspanntes Cruisen durch Auenlandschaften und auf Flussradwegen ist garantiert.

Grenzgängertour am Hochrhein, Seite 142

18

Für Wasserratten

Vier Schwarzwaldseen liegen an unserer Route und drei davon laden die Radler zu einer Badepause ein. Gerne angenommene Gelegenheiten zum Durchatmen und zur Abkühlung an heißen Tagen. Deshalb: Neben Sonnencreme auch Badesachen in den Rucksack!

Romantische Seen-Tour
Seite 126

8

Für Burgnostalgiker

Wer die mittelalterlichen Zeugen der Vergangenheit wertschätzt, wird bei diesem Bike-Ausflug zur Burg Hohengeroldseck bestens bedient. Man kann sogar mit dem Bike bis in den weitläufigen Innenhof der imposanten Ruine auf der Passhöhe zwischen Kinzig- und Schuttertal einfahren.

Vom Schuttertal zum Rauhkasten
Seite 68

15

Für Weitblicksüchtige

Schwarzwaldkenner sind sich einig: Das Ibacher Hochtal im Hotzenwald ist eines der schönsten im Süden und beim Weitblick vom Ibacher Friedenskreuz aus öffnet sich das größte Landschafts-Alpenpanorama im gesamten Schwarzwald. Nur losreißen muss man sich wieder können.

Ibacher Panoramarunde
Seite 112

UNTERWEGS IM
Nord-
schwarzwald

Schier endlose Tannenwälder liegen wie Teppiche über den Hügeln und Bergen des Nordschwarzwalds. Hier ist Waldbaden auch vom Fahrradsattel aus möglich.

UM DAS HEIDELBEERDORF ENZKLÖSTERLE

1

Dem blauen Gold auf der Spur

Links und rechts des Wegs gedeihen Heidelbeeren auf dieser Tour im Nördlichen Schwarzwald. Wir steigen von Enzklösterle auf zum Naturdenkmal Wildsee und rollen über das Hochmoor-Plateau hinunter zur Enzquelle.

Ganz im Sinne des sanften Tourismusmarketings empfiehlt sich der kleine Ort Enzklösterle auf der Suche nach einem Alleinstellungsmerkmal clever ganz im Namen der Beere als Heidelbeerdorf. Die dichten Tannenwälder rund um Enzklösterle bieten einen idealen Nährboden und darum wachsen hier die Heidelbeeren reichlich und sicherten früher den Lebensunterhalt ganzer Familien. Auch das Auerhuhn fühlt sich hier wohl, denn die Heidelbeeren sind für die wenigen verbliebenen Exemplare im Schwarzwald die bedeutendste Nahrungspflanze.

Der Name der Gemeinde geht zurück auf ein 1145 hier gegründetes Zisterzienserkloster am Flüsschen Enz, das hier ganz in der Nähe seine Quelle hat. Im Laufe ihres Wegs wird die Enz immer größer und avanciert dabei zum längsten linken Nebenfluss des Neckars, in den sie bei Besigheim mündet.

Vom Enztalradweg aus steigen wir durch den Wald zu einem Naturwunder auf – dem Wildseemoor mit seinen beiden Seen Wildsee und Hornsee. Das Areal ist streng geschützt und gilt nebst seiner besonderen Flora und Fauna als das größte Hochmoor des Schwarzwalds. Zusammen mit den Hohlohseen ergibt sich das Moor- und Waldschutzgebiet Kaltenbronn. Auf einem Teilstück des Mittelwegs (Pforzheim–Waldshut) des Schwarzwaldvereins radeln wir gemächlich hinunter zum Quellursprung der Enz bei Gompelscheuer. Ein nahezu gleiches Teilstück des Mittelwegs befahren wir – dann allerdings aufwärts – in der Enzklösterle-Tour Nr. 2 in diesem Führer.

Geheimtipp

Das zum Waldschutzgebiet Kaltenbronn zählende Wildseemoor ist das größte Hochmoor des Schwarzwalds und weist ein eigenes Ökosystem mit Moorrandkiefern und Moorrandfichten auf. Außerdem bietet die Landschaft Lebensräume für Wollgras, Sonnentau, Bergkiefern, Birken, Libellen und Kreuzottern. Auf rustikalen Bohlenwegen kann man sich zu Fuß in der Moorlandschaft bewegen.

Unser Wegverlauf

Unsere E-Bike Tour beginnt an der Touristinformation Enzklösterle und führt über die Friedenstraße bergab zur Hauptstraße. Um

Auf den Holzbohlen durch das Moor bitte das Rad schieben.

Schöne Blicke auf den Fluss vom Enztalradweg aus

Unbedingt probieren: Heidelbeertorte in Enzklösterle

Der Kaltenbachsee wurde von Enztalflößern angelegt.

auf den Enztalradweg in Richtung Bad Wildbad zu gelangen, folgen wir links der Straße bis zur Sporthalle.

Über Nonnenmiß zur Grünhütte

Ab hier nutzen wir den hervorragend ausgebauten Enztalradweg zunächst bis Nonnenmiß und von dort nach einer Straßenquerung mit der Enz weiter nach Norden. Wir ziehen entspannt am Fluss entlang, vorbei an Lautenhof, unterqueren nahe dem Parkplatz Sportplatz Bad Wildbad die L351 und biegen am Parkplatz stramm links in die Ziegelhüttenstraße, die an etlichen Häusern vorbei bergan in den Wald führt.

Nach einem Stück im Wald halten wir uns links auf der Grünhütter Steige, die uns aufwärts am Waldrand oberhalb des Rollwassertals bis zur Waldgaststätte Grünhütte führt – bekannt für leckere Vesper und vor allem die riesigen Blaubeerpfannkuchen.

Weiter zum Wildseemoor

Von hier aus ist für E-Biker, welche die Tour verlängern möchten, in 15 bis 20 Minuten einfacher Fahrt der Sommerberg oberhalb von Bad Wildbad mit dem Baumwipfelpfad und der Hängebrücke Wildline zu erreichen. Wir halten uns allerdings weiter geradeaus, knicken danach links in den Gültlingsweg ab und erreichen die Weißensteinhütte am Wildseemoor.

Bei dem streng unter Schutz stehenden Moor mit dem Wildsee und dem Hornsee gilt es, bestimmte Regeln zu beachten. Das E-Bike gesichert stehen lassen und zu Fuß ein Stück weit den Bohlenweg laufen wäre eine Option.

Genusstipp

Im **Heidelbeerhaus Enzklösterle**, im Café und Laden vor Ort sowie im Onlineshop (www.heidelbeer-shop.de), dreht sich alles um die blaue Superbeere. Da gibt es nichts, was es nicht gibt – von süß bis würzig! Die meisten Produkte können bei einem Zwischenhalt im (Straßen-)Café oder in der Ladenlounge genossen werden.
■ *www.heidelbeerhaus.de*

Ausblick am Hohlohturm

Die Route führt uns auf dem Oberen Hornweg vorbei an der »Jägerschaukel« im Halbkreis um Moor und See, bis wir die Kreuzlehütte erreichen. An der Wegkreuzung auf dem offenen Plateau folgen wir dem zweiten Weg links, der uns zum Wanderparkplatz Schwarzmiss bringt. Von hier aus ist es auf dem Mittelweg nur ein kurzes Stück zum Hohlohturm (siehe auch Tour 2), der einen fantastischen Rundumblick bietet.

Zurück nach Enzklösterle

Wir verbleiben nun ein ganzes Stück auf dem Mittelweg und rollen über die Wegpunkte Toter Mann und die Forstrat-Ebert-

mittel

51 km

710 Hm

3 Std.

Auf einen Blick

Tourencharakter

Am Anfang und Ende der Tour ein geteerter Radweg, die Hauptstrecke fahren wir auf geschotterten oder gewalzten Waldwegen in einwandfreiem Zustand.

Anfahrt

Per Bahn: Mit der S-Bahn 6 aus Richtung Karlsruhe und Pforzheim nach Bad Wildbad, von dort mit dem Bus X78 nach Enzklösterle
Per Pkw: Über die A 5 aus Richtung Basel oder Frankfurt, Ausfahrt Rastatt, weiter über die Schwarzwald-Tälerstraße (B 462) bis Reichenbach, dort auf die L 76B über den Kaltenbronn nach Sprollenmühle und nach Enzklösterle. Aus Richtung Stuttgart über die A 81, Ausfahrt Rottenburg, weiter über Nagold und Altensteig nach Enzklösterle

Ausgangs-/Endpunkt

Kostenfreie Parkplätze an der Festhalle mit Touristinfo, Friedenstraße 16, 75337 Enzklösterle
GPS 48.66706, 8.47116

Hütte bergab auf das Poppeltal zu. An der Hütte folgen wir halb links der Beschilderung Poppeltal und Enzklösterle und lassen das Bike locker bergab rollen. Vorbei am Kaltenbachsee, einem Flößersee aus vergangenen Tagen, erreichen wir nach kurzer Fahrt Gompelscheuer und die K 4367.

Links von der Ortsdurchgangsstraße liegt die Enzquelle bzw. der als Enzursprung bezeichnete Zusammenfluss von Kaltenbach und Poppelbach und hier startet auch der Enztalradweg. Diesem folgen wir jetzt leicht bergab, vorbei am Sportplatz und an der Müllerwiese, und erreichen so wieder den Ausgangspunkt an der Touristinformation Enzklösterle.

Schlemmertipp

Schwarzwaldhof Enzklösterle

Ein sprichwörtlich gastliches Haus und ein Wirtshaus, wie es im Buche steht. Der Schwarzwaldhof firmiert sowohl als »Schmeck den Süden«-Mitglied wie auch als Naturpark-Wirt. So werden in der hauseigenen Metzgerei die Schinken nach alter Sitte noch eigenhändig über Tannenholz aus der Region geräuchert und auch die Hirschsalami, die Paprikawürste oder die Bauernbratwürste aus der Traditionsfleischerei wissen zu gefallen. Unbedingte Empfehlung auf der Restaurantkarte ist das Rumpsteak mit Heidelbeer-Senf-Kruste.

Freudenstädter Straße 9,
75337 Enzklösterle,
Tel. 07085/17 08,
www.hotel-schwarzwaldhof.de

URWÜCHSIGE HOCHMOORLANDSCHAFT

2

Zum Hohlohturm auf dem Kaltenbronn

Auf dem Kaltenbronn, oberhalb von Enzklösterle, findet sich eines der letzten intakten Hochmoorgebiete Mitteleuropas. Das Areal nahe dem Hohlohturm steht seit über 60 Jahren unter Naturschutz und verlangt von E-Bikern wie Wanderern besondere Rücksichtnahme und Umsicht.

Wir bewegen uns bei dieser Tour im größten zusammenhängenden Waldgebiet Baden-Württembergs auf den Höhen links und rechts oberhalb des Enztals. Vor allem wochentags kann man im schattigen Wald – dabei etliche Schonwald- und Bannwaldgebiete – kilometerlang unterwegs sein, ohne auf andere Menschen zu treffen. Bei dem Waldgebiet handelt es sich auch um ein Kerngebiet des Rotwildvorkommens im nördlichen Schwarzwald, das daher auch über Jahrhunderte bevorzugtes Jagdrevier des Württemberger Adels war. Neben der dichten Bewaldung, die wir durchstromern, streifen wir auch für etliche Kilometer die urwüchsige Hochmoorlandschaft mit dem kleinen und großen Hohlohsee und den nahe gelegenen Seen Wildsee und Hornsee. Diese Moorlandschaft auf dem Bergplateau ist streng geschützt und es gilt, die Wegweisung entsprechend zu beachten.

Schöne Aussichten auf den Schwarzwald, das Hochmoor und seine Seen bietet nach drei Vierteln der Strecke die Plattform auf dem Hohlohturm (eigentlich Kaiser-Wilhelm-Turm), der vom Schwarzwaldverein 1897 aus dem Buntsandstein der Umgebung errichtet (und später aufgestockt) wurde. Eine Rast am Turm ist trotz fehlender Hütte mit Bewirtung ein Muss auf dieser Runde.

Entspanntes Biken durchs dichte Tannengrün

Der Hohlohsee auf dem Kaltenbronn: Naturidylle pur

Geheimtipp

Nur eine Handvoll Häuser bilden den Weiler Kaltenbronn, der zum Gernsbacher Ortsteil Reichenbach gehört. Zwischen dem Enz- und dem Murgtal finden sich an diesem Fleck ein Hotel, das ehemalige badische Jagdschloss und das Naturpark-Infozentrum. Hier im alten Forsthaus wird mit einer multimedialen Dauerausstellung über das nahe gelegene, geschützte Hochmoor informiert.

■ *www.infozentrum-kaltenbronn.de*

Moorbirken, Moorkiefern und Moorfichten säumen den Weg.

Westweg und Mittelweg streifen das Hohlohmoor.

1857 aus Sandstein erbaut und Kaiser Wilhelm gewidmet

Der Hohlohturm, Wahrzeichen auf dem Kaltenbronn

Weit schweift der Blick über den Schwarzwald.

Unser Wegverlauf

Vom Parkplatz bei der Touristinformation aus rollen wir auf dem Kirchweg, vorbei am Kurpark und am Friedhof leicht abwärts zur L351 und biegen dort links auf den Radweg Richtung Bad Wildbad ein. Lockeres Einfahren im Tal der Großen Enz bis Nonnenmiß. Bei der Bushaltestelle am Ortseingang wechseln wir kurz rechts auf die L351, überqueren sie und nehmen nach 100 Metern den Enztraufweg am Waldrand, immer in Nähe des Flusses bis zum Wegpunkt und Parkplatz Kälbermühle.

Hinauf zur Hummelberghütte

Hier biegen wir rechts vor dem Kälberbach in den Kälbertalweg und steigen – den Bach zu unserer Linken – auf dem Schotterweg durch den Wald bergan. An der Weggabelung nahe der Kälberbachquelle halten wir uns links. Über die Wegpunkte Kälbertal, Schöllkopfhütte und Herzogsbank weiter bergauf erreichen wir den Kienhärdlesweg und folgen der Route weiter nach oben ansteigend bis zum Parkplatz und Hütte Zur Absetze an der L351.

Wir radeln wenige Meter auf der Landstraße nach rechts, um in der kommenden Rechtskurve – Vorsicht, unübersichtlich! – nach links auf den Karleshütteweg in den Wald zu wechseln. Dem wiederum folgen wir bis zur Hummelberghütte und biegen gleich darauf links in den Hummelbergebenenweg ein. Auf dem einwandfrei zu befahrenden Weg ziehen wir in Bögen oberhalb von Gompelscheuer durch den Wald.

Hinab zum Poppelsee und zum Hohlohturm

Wir passieren den Wegpunkt Winterhalde, halten uns rechts bergab und ziehen in einer scharfen Rechtskurve hinunter zur K4772 am Poppelsee, biegen links in die Kreisstraße, die wir nach ca. 500 Metern rechts wieder verlassen, wobei wir uns an der Richtung Hohlohturm orientieren. Wir folgen nun immer der Wegweisung Mittelweg bis zum Turm. Der dichte Wald scheint schier endlos und nach einer lang gezogenen Linkskurve erreichen wir die Kreuzung mit der Forstrat-Ebert-Hütte.

Wir biegen rechts auf die Alte Weinstraße, die in einem Rechtsbogen, vorbei an den Römergräbern, über die Kaltenbachhöhe zum

Der Kaltenbronn ist das größte Bannwaldgebiet im Ländle.

Blockhaus am Schramberg lenkt. Wir stromern weiter über den Schramberg zum Wegpunkt Toter Mann, wo wir erst links und nach ca. 200 Metern scharf rechts abbiegen. Am kommenden Abzweig wieder rechts und nun entlang der einzigartig schönen Moorlandschaft cruisen.

An der folgenden Kreuzung biegen wir rechts ab zur Prinzenhütte und verbleiben dort wieder rechts auf der Alten Weinstraße, die uns weiter zum Hohlohturm lenkt. Hier einen Stopp zur Turmbesteigung einplanen, denn die Rundumsicht über den Schwarzwald ist schlicht faszinierend.

Zurück nach Enzklösterle

Wir erreichen abwärts den Parkplatz an der L76B und biegen vor der Y-Gabelung scharf rechts auf den Waldweg ab. Vorbei am Parkplatz Schwarzmiss geht es Richtung Hohlohseen, am ersten Abzweig links halten und über den Oberen Hühnerwässerlesweg über den Skihang Kaltenbronn hinunter zum Diebstichweg. Hier links abbiegen und locker hinunter zum Infozentrum Kaltenbronn.

Unser Rückweg führt uns an der Dreierkreuzung ganz rechts entlang des Kegelbachs weiter abwärts. Bei der folgenden Weggabelung bleiben wir links auf dem Sprollenwasenweg leicht abwärts bis Sprollenhaus. Nach einer Rechtskurve erreichen wir nahe der Sprollenmühle die L351, folgen aber sofort dem Waldweg, der rechts bergauf führt. Am Wegpunkt Kessel halten wir uns rechts und erreichen nach kurzer Fahrt den Grill- und Spielplatz am Waldrand.

Wir radeln nun die wenigen Meter nach Nonnenmiß hinein, biegen links ab hinunter zur L351 und dort erreichen wir, uns rechts orientierend, wieder den geteerten Radweg, der uns zu Beginn der Tour von Enzklösterle hierhergeführt hat und nun wieder zurück zum Parkplatz lenkt.

Genusstipp

Die meisten im Verkauf angebotenen **Forellen** aus dem Schwarzwald stammen aus Zuchtbetrieben. Je kälter das Wasser, desto langsamer wachsen die Forellen, desto fester ist das Fleisch. Eine wesentliche Voraussetzung für die Bezeichnung Schwarzwaldforelle ist eine ständige Frischwasserversorgung aus Gewässern, Quellen und Brunnen der Güteklasse 1 und 2.
■ *www.forellenzucht-klaiber.de*

Petersmühle: Fischers Fritze fischt frische Fische.

mittel | 53 km | 980 Hm | 3 Std.

Auf einen Blick

Tourencharakter

Am Anfang und Ende der Tour ein geteerter Radweg, die Hauptstrecke fahren wir auf geschotterten oder gewalzten Waldwegen in einwandfreiem Zustand.

Ausgangs-/Endpunkt

Kostenfreie Parkplätze an der Festhalle mit Touristinfo, Friedenstraße 16, 75337 Enzklösterle GPS 48.66706, 8.47116

Anfahrt

Per Bahn: Mit der S-Bahn 6 aus Richtung Karlsruhe und Pforzheim nach Bad Wildbad, von dort mit dem Bus X78 nach Enzklösterle.

Per Pkw: Über die A 5 aus Richtung Basel oder Frankfurt, Ausfahrt Rastatt, weiter über die romantische Schwarzwald-Tälerstraße (B 462) bis Reichenbach, dort auf die L 76B über den Kaltenbronn nach Sprollenmühle und nach Enzklösterle. Aus Richtung Stuttgart über die A 81, Ausfahrt Rottenburg, weiter über Nagold und Altensteig nach Enzklösterle

Schlemmertipp

Fischerstüble Petersmühle

Lässiger und idyllisch gelegener Biergarten an den Forellenteichen des Forellenhofs Petersmühle am Ortsausgang von Enzklösterle. Verschiedene Fischgerichte aus der eigenen Zucht von Familie Klaiber. Aus dem Teich in die Küche und auf den Teller – frischer kann man die Schwarzwaldforelle nicht genießen. Rustikal-romantisches Ambiente und moderate, familienfreundliche Preise machen den Aufenthalt zu geräuchertem, gebackenem oder gebratenem Schwarzwaldfisch extrem angenehm.

- *Petersmühlenweg, 75337 Enzklösterle, geöffnet 01.05.–03.10. Do–So, www.forellenzucht-klaiber.de/biergarten*

Auch wenn der Hochschwarzwald von der touristischen Infrastruktur her stark erschlossen ist, finden sich hier doch Routen, die den E-Biker eins mit der Natur werden lassen.

Unterwegs im Hochschwarzwald

ZWISCHEN ACHERTAL UND RENCHTAL

3

Mühlendorftour Ottenhöfen

Das Achertal erstreckt sich unterhalb der Hornisgrinde der Acher entlang bis in das Rheintal. Start und Ziel dieser Runde liegen im Mühlendorf Ottenhöfen, wo neun höchst unterschiedliche, sämtlich aber liebevoll restaurierte Mühlen zu bestaunen sind.

Das Achertal ist benannt nach dem Fluss – oder besser Flüsschen Acher, der am Vogelskopf, etwas abseits der Schwarzwaldhochstraße zwischen Ruhestein und Schliffkopf, sein Quellgebiet hat. Für Abwechslung auf der Tour zwischen der Badischen Weinstraße und der Schwarzwaldhochstraße sorgt der reizvolle landschaftliche Wechsel zwischen sanften rebbestandenen Hügeln, vielgestaltigen Streuobstgärten und dem dunklen Tann auf den Höhen.

Unser Ausgangspunkt Ottenhöfen stellt eine Art Schnittstelle von mehreren wildromantischen Seitentälern dar, von denen keines dem anderen gleicht – daher auch der Name »Zehn-Täler-Dorf«.

Insgesamt neun liebevoll restaurierte Mühlen finden sich in und um Ottenhöfen, die durch einen eigens eingerichteten Wanderweg abgelaufen werden können.

Unsere Tour führt vorbei an der Klosterruine Allerheiligen und hinauf auf den Höhenweg, der das Achertal vom nahe liegenden Renchtal trennt. Auf diesem Wegstück passieren wir nicht nur mehrere interessante Felsformationen, sondern es bieten sich immer wieder faszinierende Ausblicke hinunter in die Täler, hinauf zur Hornisgrinde oder hinüber bis zu den Vogesen.

Dazu bieten viele der verschiedenen Schwarzwaldhöfe, die nahe am Weg liegen, unterschiedliche gastronomische Produkte, darunter natürlich auch die regionstypischen »Schnapsbrunnen«, an. Wobei dem E-Biker angeraten ist, im Interesse aller auf das nichtalkoholische Getränkeangebot an diesen Stationen zurückzugreifen.

Gegen Ende der Tour gilt es, hinter Furschenbach noch einmal 300 Höhenmeter

Geheimtipp

Ein beliebtes Fotomotiv liegt im Lierbachtal, einem Seitental des Renchtals nahe Oppenau: die frühgotische Klosterruine Allerheiligen. 1804 schlug ein Blitz in die Kirche ein, die weitgehend zerstört wurde und verfiel. Heute sind in der Ruine aus dem für die Gegend typischen Buntsandstein noch Reste des Kreuzgangs und der Sakristei erhalten sowie Teile der Vorhalle und des Langhauses.

Fotostopp an der Klosterruine Allerheiligen

Putziges Hexenhäusle am gleichnamigen Wanderweg

Premiumbrände bietet die Brennerei Scheibel an.

Die Benz-Mühle ist die zweitälteste Mühle in Ottenhöfen.

Blick auf Ottenhöfen, kurz vor der Abfahrt

zu überwinden, was nebst der E-Motor-Unterstützung auch noch ein paar Kraftreserven in den Radlern selbst abruft.

Unser Wegverlauf

Vom Bahnhofsparkplatz nehmen wir das kurze Stück zur L87, dort rechts und gleich wieder rechts in die Allerheiligenstraße, queren dabei gleich zweimal die Acher und biegen danach links in die Straße Am Sauerberg ab. Wir kurven am Friedhof vorbei, steigen den Schlossberg an und biegen dort, wo sich die Straße teilt, links Richtung Blöchereck auf die gleichnamige Straße ab, die uns höher in den Wald führt.

Grindenblick hinüber zur mächtigen Hornisgrinde

Zur Klosterruine Allerheiligen

Wir ziehen locker durch den Wald, kurven danach an etlichen Häusern vorbei und fahren kurz vor dem Wanderparkplatz Blöchereck, am 110er-Denkmal, weg vom Asphalt rechts auf dem Waldweg am Hang des Kriesbaumkopfs weiter.

Wir erreichen die Allerheiligenstraße mit dem Park- und Rastplatz am Karl-Friedrich-

Lockeres Radeln auf der Höhe, wenn der Wald aufgeht

Ruhig und verträumt: Mühlengasthaus Schmälzle-Hof

Brunnen, nehmen dort geradeaus den Wanderweg Schwabenweg in den Wald des Schwabenkopfs, der uns leicht hinunterzieht, bis wir wieder auf die Allerheiligenstraße (K5370) stoßen, der wir ein kurzes Stück folgen, bis wir zur Einmündung der K5371 am Parkplatz und der Bushaltestelle St. Ursula gelangen.

Hinauf zum Höhenweg

Dort verlassen wir die Straße wieder und steigen an der Waldwegkreuzung an der St.-Ursula-Hütte vorbei in den Wald an. Jetzt folgen wir dem Höhenweg zwischen Achertal und Renchtal und nehmen, zunächst die Sohlbergstraße bis zum Sühnekreuz, dem Eselsbrunnen und der Knappeneck-Hütte.

Hier öffnet sich der Wald etwas, wir biegen aber halb links in den Magnushaldeweg, der leicht abwärts um den Sohlberg durch die Tannen führt, bis wir nach einer Rechtskurve den Wald verlassen und am Wanderparkplatz Sohlberg wieder auf die Straße treffen. Wir folgen der Straße bis zur Reitschule und biegen kurz darauf links Richtung Hexenhäusle Lautenbach ab.

Wir stromern auf der Waldroute weiter, vorbei an der Schutzhütte Grimmerswald im großen Rechtsbogen und dann am Waldrand weiter zur Grindeblick-Hütte am Simmersbacher Kreuz. Wir richten uns nördlich aus, leicht abfallend, vorbei an verschiedenen Felsgruppen und Schrofen im Mischwald, bis wir den Grillplatz Blaubronn mit seiner Schutzhütte erreichen. Wir radeln vorbei am Löschwasserteich im Rechtsbogen um das Gehöft, dann links wieder in den Wald, passieren die Versuchsstelle Bobenholz der Berufsgenossenschaft und halten uns dort scharf rechts zum Gehöft Sommereck und hinunter auf die Straße Lauenbach, die uns links gerichtet zum Bahnhalt Ottenhöfen West, über die Acher und zum Radweg neben der L87 bringt.

An herrlichen Mühlen entlang

Wir folgen dem Radweg ein kurzes Stück links bis zur Kreuzung Bahnlinie/Straße und queren vorsichtig die Straße hinüber zur pittoresken Rainbauernmühle direkt an der Acher. Mit Sicherheit eine der schönsten und fotogensten Mühlen im gesamten Schwarzwald. Nach einer ausgiebigen (Foto-)Rast hier folgen wir dem Weg oberhalb der Acher nach Winterseite und biegen dort rechts hinunter zur L87 ab.

Wir queren Acher und Straße ein weiteres Mal, folgen der Straße kurz nach links nach Furschenbach, um sofort rechts die Dorfstraße hochzusteigen, vorbei am Schmälzle-Hof, und nehmen dort die Straße rechts Am Bach, die uns am Weinberg und an Wacholderheiden vorbei zur Benz-Mühle führt, die vom Furschenbach angetrieben wird.

Genusstipp

Vor über 100 Jahren beschloss Emil Scheibel eine Brennerei einzurichten. Heute ist die **Edelbrennerei** weiter in Familienhand und hat die Destillation feinster Geiste, Wässer und Brände stetig verfeinert. So werden die Scheibel-Premium-Produkte z. B. im Brennverfahren »Auria« über Goldplatten doppelt destilliert – das aktiviert die feinen Aromen der Brände.

■ *www.scheibel-brennerei.de*

Im Auf und Ab zurück nach Ottenhöfen

Jetzt heißt es noch mal, die Zähne zusammenbeißen und stramm Höhenmeter hinauf zur Furschenbach-Quelle und zum Bacheck zu machen. An der Quelle, kurz vor dem Feuerwehrhaus, biegen wir scharf rechts in den Wald und ziehen im Zickzack zum Wegpunkt Hagelsbach, dort rechts abwärts zum Wegpunkt Beim Hilsenhof und über die Bußhalde zum Wegpunkt Bußhalde-Rank. Hier machen wir eine sehr steile Spitzkehre nach links und treffen beim Viehbrückle auf die Straße Am Schrofen. Scharf rechts halten und nahe dem Zusammenfluss von Grimmelsbach und Acher auf dem Katharina-und-Wilhelm-Huber-Weg hinunter nach Ottenhöfen.

Dort treffen wir wieder auf die L87, biegen rechts ab und erreichen nach kurzer Fahrt vorbei an der Hammerschmiede wieder den Bahnhof.

Schwarzwälder Schinkenvesper im Schmälzle-Hof

Die Rainbauernmühle klappert am rauschenden Bach.

schwer | 33 km | 1000 Hm | 2,5 Std.

Auf einen Blick

Tourencharakter

Wir fahren anfangs auf Asphalt, bald darauf auf gut aufbereiteten Wald- und Wanderwegen. Zwischenstück wieder auf geteerten Sträßchen, gegen Schluss der Runde bergauf und bergab auf teils geschotterten Wegen, schließlich innerorts wieder auf Asphalt.

Ausgangs-/Endpunkt

Gratisparkplatz am Bahnhof Ottenhöfen, Am Bahnhof 2, 77883 Ottenhöfen
GPS 48.56677, 8.15098

Anfahrt

Per Bahn: Mit der Rheintalbahn (Karlsruhe–Basel) bis zum Bahnhof Achern, von dort weiter mit der Ortenau-S-Bahn zum Bahnhof in Ottenhöfen

Per Pkw: Über die A 5 Karlsruhe–Basel bis zur Ausfahrt Achern, weiter auf der L 87 Richtung Schwarzwaldhochstraße und Kappelrodeck bis Ottenhöfen. Kostenloser Parkplatz am Bahnhof, auch für Wohnmobile

Schlemmertipp

Wirtshaus Schmälzle-Hof

Der Schmälzle-Hof in Furschenbach datiert zurück bis 1680 und liegt am Ottenhöfener Mühlenweg. Im Inneren bieten ein schöner Gastraum und eine rustikale Vesperstube Platz für die Gäste. Ein Highlight bei schönem Wetter ist sicher die Gartenwirtschaft am Hof mit einem großen Lindenbaum. Badisch raffinierte Leckereien wie Kastaniensuppe mit Kirschwassersahne, Schäufele mit Rahmsauerkraut und Salzkartoffeln oder Rehsauerbraten mit Spätzle und Preiselbeeren sind genauso im Angebot wie fangfrische Forellen aus eigener Zucht.

- *Dorfstraße 12, 77883 Ottenhöfen, Tel. 07842/603 85, www.schmaelzle-hof.de*

Wasserscheide zwischen Kinzig und Elz

4

Aufstieg zur Passhöhe Landwassereck

Der lang gezogene Rücken des Schwarzwalds ist durchzogen von Canyons und Tälern. Oft streben dort Flüsse dem Rhein, der Donau oder dem Neckar zu. Wir lernen auf dieser Runde mit dem Kinzigtal und dem Elztal zwei besonders malerische Flussbecken kennen.

Die Kinzig, die in der Nähe von Freudenstadt entspringt, und die Elz, deren Quelle am Rohrhardsberg liegt, haben mit dem Kinzig- respektive dem Elztal zwei höchst unterschiedliche Täler aus den Bergen herausgefräst, bevor beide Flüsse weit voneinander entfernt in den Rhein münden. Unser erstes Etappenziel, die Passhöhe Landwassereck auf 650 Metern, markiert nicht nur die Wasserscheide zwischen Kinzig und Elz, sondern bietet auch schöne Aussichten ins Kinzigtal und die dahinterliegenden Berge sowie hinunter ins Elztal – bei passendem Wetter sogar bis zum Kandel.

Vom Pass aus ziehen wir entlang eines mächtigen Berghangs oberhalb von Oberprechtal (siehe auch unseren Einkehrtipp!) im sanften Auf und Ab hinunter ins Tal der Elz, bis in die Fasnet-Hauptstadt Elzach (Mitglied im berühmten »Viererbund«). In dem Städtle, in dem in der fünften Jahreszeit die »Schuttige« regieren, steigen wir dann rechts wieder auf einen mächtigen Bergrücken an und folgen der geschichtsträchtigen Eckstraße, die im Volksmund auch Römerstraße genannt wird, in langen Schwüngen durch den Wald.

Obwohl keine gesicherten Nachweise vorliegen, wird vermutet, dass die Eckstraße einem ehemaligen Saumpfad der Römer folgt, die den Weg von ihren Siedlungen im Breisgau nach Rottweil angelegt haben sollen. Am Ende der Eckstraße lädt schließlich das

Geheimtipp

Wer im oberen Elztal unterwegs ist, sollte es keinesfalls versäumen, einen Blick auf die Landwasserhofmühle zu werfen. Die reetgedeckte Mühle von 1760 ist eine der schönsten im gesamten Schwarzwald und befindet sich kurz vor der Passhöhe neben der Straße zum Landwassereck. Sie zählt als »Kulturdenkmal von besonderer Bedeutung« und verfügt auch über einen wunderschönen Bauerngarten.

Schwarzwald authentisch: Landwasserhofmühle, Oberprechtal

Sanftes Rollen auf bewaldetem Bergkamm

Kreuze zeugen von der einst tiefen Frömmigkeit.

Blick vom Finsterkapf auf die Fastnachts-Hochburg Elzach

Schwarzwald kann auch modern: Hotel-Gasthof Munde auf 600 Metern.

Genuss aus dem Fluss: Elztal-Forellen

Hohe Kochkunst im Schäcks Adler: Forellen-Carpaccio

Kurz hinter dem Landwassereck kreuzt der Jakobsweg.

E-Biker-Stärkung am Biereck

Biereck beim architektonisch interessanten Hotel Munde zu einer letzten Pause ein. Eine großzügige Außenterrasse bietet beeindruckend schöne Ausblicke hinunter Richtung Kinzig.

In rasanter Fahrt geht es vom Biereck auf Asphalt durch den Wald abwärts bis Hofstetten, von wo aus wir ebenerdig auf dem Fahrradweg den Ortsrand von Haslach erreichen, um dort rechts nach wenigen Minuten wieder den Waldsee-Parkplatz zu erreichen.

Wer mit dem Pkw anfährt, sollte keinesfalls versäumen, bei der Rückfahrt – je nach Route in Waldkirch (Elztal) oder zum Beispiel in Gengenbach (Kinzigtal) für eine Stippvisite zu halten. Beide verfügen in der jeweiligen Kernstadt über malerische Marktplätze und abwechslungsreiche Gastronomie.

Geheimtipp

Dem passionierten Jäger und Angler Ernest Hemingway stand 1922 der Sinn nach Fliegenfischen auf Schwarzwaldforellen. Unter anderem hielt er sich im Elzacher Ortsteil Oberprechtal (heute auch bekannt als »Osterdorf«) auf, nächtigte dort in Gasthäusern und fischte prächtige Forellen aus der Elz. Heute genießt der Gast die hiesigen Forellen in Schäcks Adler in Oberprechtal (siehe unseren Einkehrtipp).

Unser Wegverlauf

Wir starten am Haslacher Waldsee-Parkplatz, indem wir den Mühlenbacher Talbach über die Straßenbrücke queren und sofort hinter der Brücke rechts den Radweg neben der B 294 in Richtung Mühlenbach nehmen.

Nach gut 2,5 Kilometern biegen wir in der Ortsmitte beim Rathaus und der Pfarrkirche St. Afra nach links ab in Richtung Landwassereck.

Hinauf zum Pass Landwassereck

Nach wenigen Metern halten wir uns am T-Stück links, um gleich darauf rechts über die Straße Büchern anzusteigen. Das schmale und wenig befahrene Asphaltsträßlein schlängelt sich zunächst moderat ansteigend durch das Seitental, vorbei an hangseits gelegenen Schwarzwaldhöfen das Büchertal hinauf.

Blumengeschmückte Höfe im Mühlenbacher Bücherntal

Wohnliche Schutzhütte an der Lehrscheid

Nach den Schultheißenhöfen schlagen wir uns – weiter auf der Straße Büchern – in Höhe Bührershof bergauf halb rechts in den Wald. Gemäß der Devise des griechischen Dichters Hesiod aus der Früh-Antike »Vor den Erfolg haben die Götter den Schweiß gesetzt« beginnt aus dem Wald heraus ein steiler Stich auf ruppigem Straßenbelag bis hinauf zum Pass Landwassereck.

Oben angekommen, dankt unsere Beinmuskulatur der kräftigen Akku-Unterstützung, die ordentlich geschoben hat. Direkt am Höhengasthaus nehmen wir den Schotterweg rechts ein kurzes Stück bis zum Waldrand, wo eine Bank zu einer Rast einlädt.

Leckerste Adler-Küche: Roulade von der Elztal-Forelle

Herzliches Gastwirtpaar Sandra und Christoph Schäck

Tipp

Das Hansjakobhaus Freihof dokumentiert das Leben und Werk des Haslacher Pfarrers, Politikers, Historikers, Heimatschriftstellers und Volkskundlers Heinrich Hansjakob sowie der Maler Carl Sandhaas und Otto Laible.

Durch den Wald bergab

Weiter geht es auf gut befahrbaren Waldwegen zu den Wegpunkten Burggraben, Kirchberg und Lehrscheide, wo eine besonders liebevoll hergerichtete kleine Wanderhütte am Wegrand steht.

Weiter durch den Wald leicht bergab geht es um den Holzerkopf zur Wegmarke Bösmatte, immer wieder gibt der Wald Blicke auf das unten liegende Oberprechtal und das Elztal frei.

Nach einer scharfen Rechts- und kurz darauf einer scharfen Linkskehre geht es weiter hinab bis zur Wegmarke Am Galgen kurz vor dem Weiler Eilet. Hier treffen wir auf die B 294, nehmen den Radweg links von ihr bis zum Kreisverkehr kurz vor Elzach, wo wir die B 294 vorsichtig queren und nahe den Tennisplätzen linker Hand nach Elzach hineinradeln.

Wieder bergan auf den Höhenrücken

Wir bleiben ein kurzes Stück auf der Hauptstraße, überqueren die Elz, bis wir beim Café Weber rechts in die Eckstraße abbiegen. Jetzt heißt es wieder den Akku auf hoher Stufe zuschalten, denn die Straße führt ortsauswärts recht steil den Berg hinauf.

Bald lassen wir die letzten Häuser hinter uns und der Asphalt verändert sich in einen gut befahrbaren Feld- und Waldweg. Weiter auf der Eckstraße passieren wir die

Beste badische Brezel der Bäckerei Herr in Waldkirch

Pfaffenkapelle und tauchen nach ungefähr 300 Metern in den Wald auf dem Höhenrücken ein.

Wir verbleiben nun auf der ehemals alten Verbindung zwischen Elztal und Kinzigtal, im Volksmund auch Römerstraße genannt, weil vermutet wird, dass vor langer Zeit die Römer hier einen Saumpfad von ihren Befestigungen im Breisgau bis nach Rottweil angelegt hatten.

Aussichtsreiche Rast und zurück nach Haslach

Wissenschaftlich belegt ist dies freilich nicht, das stört uns aber nicht, denn der gut befestigte Weg lässt sich prima befahren, und nach etlichen Kilometern durch den Wald stößt der Eckweg schließlich auf das Hotel Munde mit dem Restaurant Biereck und seiner sehr aussichtsreichen Terrasse. Hier ist ein Stopp Pflicht, der Blick schweift über Wiesen und Wald hinunter ins Kinzigtal, der Radler kann die Seele baumeln lassen.

Von hier aus geht es auf der asphaltierten Straße Munde nun stetig und ausschließlich zügig bergab bis nach Hofstetten, wo wir aus dem Ort heraus den Radweg nach Haslach befahren. Wenn die ersten Häuser von Haslach auftauchen, biegt der Radweg rechts parallel zur Manfred-Hildenbrand-Straße ab und bringt uns nach kurzer Fahrt zum Waldsee-Parkplatz zurück.

Genusstipp

In einer Zeit, in der immer mehr Handwerksbäckereien aufgeben, ist die **Bäckerei Herr** aus Waldkirch im Elztal etwas Besonderes. Bäckermeister Matthias Klausmann, von Einheimischen liebevoll »Herrebeck« genannt, backt mehr und mehr Vollwertprodukte nach Biorichtlinien, alle kontrolliert und zertifiziert. Allein die Herr-Laugenbrezeln sind die Anreise wert.

■ *www.baeckerei-herr.de*

Schmuckstück aus dem Jahre 1834: Rathaus Mühlenbach

mittel | 35 km | 680 Hm | 2 Std.

Auf einen Blick

Tourencharakter
Wir fahren in etwa die Hälfte der Strecke auf asphaltierten Radwegen und Sträßchen. Ab dem Landwassereck auf erdgebundenen, teils geschotterten Waldwegen und später, hinter Elzach, auf den Spuren der alten Römerstraße.

Ausgangs-/Endpunkt
Waldsee-Parkplatz, Waldseeweg 2–8, 77716 Haslach GPS 48.27156, 8.09096

Anfahrt
Per Bahn: Vom ICE-Bahnhof Offenburg mit der Regionalbahn – auf der malerischen Schwarzwaldbahn-Strecke – oder mit der Ortenau-S-Bahn bis zum Bahnhof Haslach
Per Pkw: Über die A 5 z. B. aus Freiburg oder Frankfurt bis zur Ausfahrt Offenburg. Weiter auf der B 33 bis nach Haslach im Kinzigtal. Über die A 81 z. B. von München, Nürnberg oder Stuttgart bis zur Ausfahrt Rottweil und dann über die B 462 und B 294 bis nach Haslach im Kinzigtal. In beiden Fällen von der B 33 in Haslach-Ortsmitte auf die B 294 in Richtung Elzach abbiegen. Kurz vor dem Ortsende liegt linker Hand der kostenfreie Waldsee-Parkplatz.

Schlemmertipp

Schäcks Adler
Ein ganz besonderer Ort badischer Gastlichkeit. Küchenmeister Christoph Schäck ist mit ganz viel Liebe bei der Sache, weiß um das Thema gesunde Ernährung und geht hinsichtlich der verwendeten Produkte keine Kompromisse ein. So zupft er seine frischen Kräuter aus dem Bauerngarten der Nachbarin, bringt gerne Wildbret aus seinem Jagdrevier am Oberharmersbach (Kinzigtal) auf den Tisch und serviert Schwarzwälder Bach- oder Regenbogenforellen, die Minuten vorher direkt aus der hinter dem Gasthof plätschernden Elz gefischt wurden.

■ *Waldkircher Straße 2, 79215 Elzach-Oberprechtal, Tel. 07682/12 91, www.schaecks-adler.de*

OBST, REBEN UND WALD SATT

5

Oppenauer Renchtal-Runde

Über den Renchtal-Radweg, direkt am Fluss entlang, erreichen wir Oberkirch und steigen von dort kräftig in die Rebhänge und Wälder zwischen Durbach und der Moos auf. Schier endlose Waldwege im Wechsel mit offenen Schwarzwaldhöhen führen in großen Schwüngen wieder ins Renchtal zurück.

Wir stromern zunächst entlang der Rench das gleichnamige Tal von Oppenau nach Oberkirch hinunter und passieren dabei viele traumhaft gelegene Obst- und Rebgärten in der Ortenau. In Oberkirch, der selbst ernannten Kleinbrenner-Hauptstadt Deutschlands, soll es über 900 Hausbrennereien geben, die in ihren Brennkesseln, über den berühmten Schwarzwälder Kirsch hinaus, aus vielerlei Beeren- und Obstarten Wässer, Geiste, Schnäpse und Liköre herstellen.

Das Renchtal wie auch das nahe gelegene Achertal sind nach wie vor noch nicht touristisch überlaufen und wunderbare E-Bike-Reviere. Dabei nimmt das Renchtal durch die unmittelbare Anbindung an den Schwarzwaldgebirgszug Moos eine besonders spannende Position ein. Steigt man vom Tal der Rench in die Moos mit ihren beiden höchsten Erhebungen Mooskopf und Siedigkopf (Lothardenkmal) hinauf, durchquert man auch viele nahezu unbekannte Seitentäler, die jedes für sich ihre besonderen Reize haben.

Teilweise kann man von den Höhen der Moos auch Blicke in das Vorzeige-Weindorf Durbach mit seinem Schloss Staufenberg werfen. Im Rahmen der Moos auf dem Rückweg nach Oppenau befahren wir in Teilstücken auch die ausgewiesenen Wanderrouten wie den Renchtalsteig und/oder den Kandelhöhenweg, der von Oberkirch nach Freiburg führt.

Unser Wegverlauf

Auf der Friedenstraße geht es geradeaus Richtung Stadt, wir biegen in die Jahnstraße

Rastplatz Ofenlochhütte am Fuß des Moosturms

Die Teufelskapelle im Renchtal wacht über die Reben.

Geheimtipp

Oberhalb von Durbach thront über den Weinbergen das Schloss Staufenberg, das bereits im 11. Jahrhundert errichtet wurde. Die ursprüngliche Burg wurde ab 1832 im Stil der Romantik zum Schloss umgebaut. Beeindruckend ist der Rundblick von der großflächigen Schlossterrasse aus über die waldbedeckten Schwarzwaldkuppen und Weinberge bis zur oberrheinischen Tiefebene und zum Straßburger Münster.

Der Lierbach in Oppenau mündet in die Rench.

Badische Genussmomente: die »Linde« in Durbach

Schatten spendende Wege entlang der Hänge der Moos

Das Schwarze Kreuz: gusseiserne Wegmarke in den Reben

nach links und gleich darauf rechts in die Ziegelhüttenstraße ein. An deren Ende überqueren wir links die B 28, biegen gleich hinter dem Autohaus rechts ab und überqueren danach die Rench und nehmen den ersten Abzweig rechts durch den Wald bis zum Sägewerk.

Entlang der Rench

Dort geht es rechts und gleich wieder links auf den Mattenhofweg. Wir ziehen am Waldrand vorbei am Ramsbach Höfle, radeln auf die Rench zu und kommen nun auf dem Weg Im Hubacker, dicht am Fluss, weiter voran. Wir passieren das Forsthaus im Herrschaftswald und das Alte Wasserwerk, unterqueren die B 28, bleiben eng am Wasser und überbrücken rechts die Rench bei Lautenbach, um direkt nach der Brücke links auf den Renchdamm einzufahren.

Zwischen dem Fluss auf der einen sowie Obst- und Rebhängen auf der anderen Seite radeln wir nach Oberkirch. Vorbei am Freibad und den Tennishallen stoßen wir nach kurzer Fahrt auf die Oberdorfbrücke, über die wir links die Rench überqueren, um sofort nach der Brücke rechts den Weg weiter entlang des Flusses zu befahren.

Durch Obst- und Rebengärten

Beim Hans-Furler-Gymnasium biegen wir links ab, überqueren auf der Butschbacher Straße die untertunnelte B 28, folgen der Straße bei der ersten Kreuzung nach rechts und erreichen nach kurzer Fahrt die K 5396. Dort schlagen wir den Radweg nach links ein, ziehen durch Obst und Reben bis zum Fröschhof, wo wir rechts in Richtung Bottenau abfahren.

Renchtal-Radweg: lockeres Rollen

Wir folgen der St.-Wendel-Straße und steigen ab jetzt durch Weinberge an bis zur Wallfahrtskirche St. Wendelin, weiter durch den Wald aufwärts zum (Straßburger) Münsterblick und von dort scharf links hinauf zur Teufelskapelle. Knapp die Hälfte der Runde haben wir bis hierher hinter uns gebracht.

Im Auf und Ab über dem Talboden

Weiter stromern wir auf einem schönen Höhenweg zwischen den Reben bis zum Wegpunkt Rohrbacher Eck, wo wir in den Wald eintauchen. Über Hohrank erreichen wir das Schwarze Kreuz. Von da ziehen wir weiter rechts gerichtet auf dem Waldweg zum Rastplatz Bienengarten am gleichnamigen Durbacher Weinberg.

Wir fahren durch den Weinberg ab zur K 5369, queren diese bei der Brandstetter

Kapelle und ziehen über die Weintalstraße wieder leicht bergauf. Nach der Straße zum Hummelwälder Hof nehmen wir die zweite Abzweigung nach links, die uns im Waldschatten zum Panoramahisli und weiter auf die Schafhof-Höhe mit Rastplatz und Oberkirch-Blick bringt.

Auf Wander- und Höhenwegen zurück nach Oppenau

Hier halten wir uns scharf rechts und nehmen ein ausgedehntes Waldstück zur Bildeiche, vorbei am Kapelleckhof und oberhalb von Krebsenbach bis zur Ofenlochhütte in Angriff. Danach ziehen wir in zwei großen Bögen durch den Wald bis zur Brunnenkreuzung, wo wir links weiter zum Mooswald-Parkplatz radeln.

Links mit Schwung durch den Wald treffen wir auf die Straße Kallikut, in die wir scharf rechts abbiegen, dann fahren wir durch den gleichnamigen Weiler ab. Nach dem Ortsende geht es gleich rechts auf den Grenzweg in den Wald in Richtung Franz-Treyer-Hütte. Kurz vor der Schutzhütte biegen wir scharf links waldwärts nach Holiswald ab. Zwischen den Häusern nehmen wir linker Hand den Pfad am Wald entlang, kreuzen die Straße Am Holiswald und radeln rechts von ihr auf dem Waldweg hinunter zum Hugenhof und folgen von dort dem kurzen Stück Straße zum Bahnhof Oppenau.

Auf der B 28 fahren wir zunächst ein kurzes Stück rechts, dann gleich links auf die Poststraße bis zum Lierbach, diesen überqueren wir und gleich links geht es auf der Straßburger Straße zurück zum Parkplatz am Friedhof.

Genusstipp

Das **Familienweingut Heinrich Männle**, am Hang der 1-a-Weinlage Kochberg im Durbacher Ortsteil Sendelbach, ist ein Erbhofgut, das nachweislich seit 1456 im Familienbesitz ist. Seit über 560 Jahren wird hier durchgängig Weinbau betrieben. Die Weine werden regelmäßig mit Goldmedaillen und Ehrenpreisen bei den DLG-Prämierungen ausgezeichnet. Vermarktung direkt ab Hof.

■ *www.weingut maennle.de*

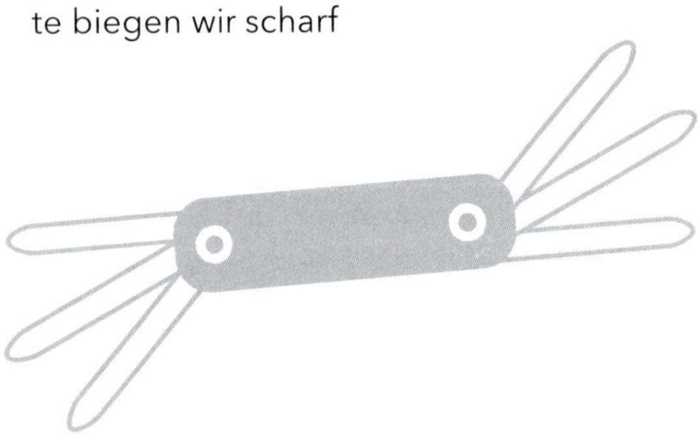

Schlemmertipp

Wirtshaus Linde

Das Hotel-Restaurant Linde ist in Durbach bereits seit 1666 Treffpunkt für wichtige Versammlungen. Im Februar 1765 legten die Durbacher hier den Huldigungseid auf den damaligen Markgrafen Carl Friedrich von Baden ab. Im behutsam renovierten, denkmalgeschützten Gebäude bieten die Wirtsleute Moen heute über dem Restaurant 20 Wohlfühlzimmer und Apartments zur Übernachtung an und in der warmen Jahreszeit locken eine Außenterrasse und ein gemütlicher, schattiger Biergarten die Besucher. Gekocht wird ein appetitanregender Mix aus badischer und Elsässer Küche wie z. B. überbackene badische Schneckensuppe, geschmorte Ochsenbäckle, hausgemachte Wildmaultaschen oder Durbacher Rehsteak.

■ *Lindenplatz 1, 77770 Durbach, Tel. 0781/936 30, www.linde-durbach.de*

Heinrich, Sylvia und Max Männle (v. l.): drei Winzergenerationen

Beste badische Weinbautradition. Erbhof und Familienweingut

mittel | 36 km | 650 Hm | 2,5 Std.

Auf einen Blick

Tourencharakter
Wir fahren entlang des Flusses auf dem gut ausgebauten Renchtal-Radweg durch Rebberge und Wald, dann auf gut aufbereiteten, teils geschotterten Weinberg- und Waldwegen. Gegen Schluss der Tour auf asphaltierten Sträßchen und Straßen.

Ausgangs-/Endpunkt
Gratisparkplatz am Friedhof Oppenau, Friedenstraße, 77728 Oppenau
GPS 48.47504, 8.15771

Anfahrt
Per Bahn: Zum ICE-Bahnhof Offenburg an der Strecke Karlsruhe–Basel, dann weiter mit der Renchtalbahn Richtung Oberkirch/Bad Griesbach bis zum Bahnhof Oppenau

Per Pkw: Über die A 5 z. B. aus Basel oder von Frankfurt kommend bis zur Ausfahrt Appenweier, danach weiter auf der B 28 Richtung Oberkirch/Freudenstadt bis Oppenau. Über die A 81 aus Stuttgart oder Singen kommend bis zur Ausfahrt Horb, weiter über die B 28a nach Freudenstadt, von dort auf der B 28 nach Oppenau

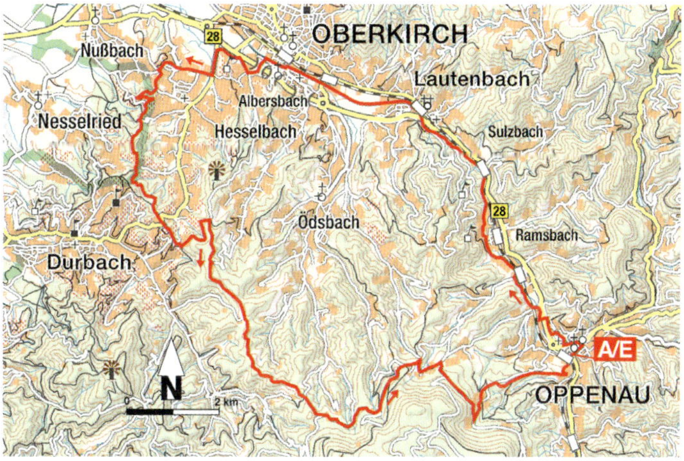

AUS DEM MURGTAL IN DEN NATIONALPARK

6

Drei-Flüsse-Tour um den Ochsenkopf

Diese Runde führt uns aus dem Murgtal um den Nationalpark Schwarzwald, kurz in dessen Nordteil und einmal in großem Bogen um den Ochsenkopf. Dabei passieren wir drei Flüsse und hochspannende Stauwerke an der Murg und den Zuflüssen.

Wald und Wasser im Zusammengang begegnen uns oft auf unseren Touren im Schwarzwald – und ja, das macht unter anderem den besonderen Reiz dieser E-Bike-Region aus. So gehäuft wie auf dieser Runde finden sich Bäche, Flüsse und Seen am Wegesrand allerdings eher selten. So treffen wir auf die Murg, den Schwarzenbach und den Hundsbach, um nur die drei relevantesten zu nennen, und cruisen um die beeindruckende Schwarzenbachtalsperre nahe Forbach.

Geheimtipp

Trotz der vielen im Schwarzwald existierenden Karseen stechen einige doch heraus. So auch der in der letzten Eiszeit entstandene Huzenbacher See, im Gemeindegebiet von Baiersbronn und im südlichen Teil des Nationalparks gelegen: romantisch von Wasserpflanzen – unter anderem der seltenen gelben Teichrose – eingewuchert und mit einer dicht bewachsenen ringförmigen Insel.

Das dort gesammelte Wasser dient dem Energieversorger EnBW zur ökologischen Stromerzeugung durch Wasserkraft. Ebenfalls zur Stromerzeugung dient das Wasser im Sammelbecken Kirschbaumwasen in der Murg, der sogenannten Murgtalsperre.

Mit dem ehemaligen Kurhotel Sand und der Ruine des Kurhotels Hundseck – beide an der Schwarzwaldhochstraße – liegen auch zwei Lost Places an unserem Weg. Ehemals echte Perlen aus der großen Zeit der Grandhotels, heute traurige Schatten ihrer selbst und Zeugnisse von verfehlten Investorenvisionen.

Der zum Großteil naturbelassene Wald um die beiden Berge Mehliskopf und Ochsenkopf, den wir immer wieder streifen bzw. in den wir einfahren,

Schwarzwaldmagie: murmelnde Bäche im Tann

Viele kleine Brücken helfen beim Queren des Wassers.

Ein Teilstück fahren wir auf der sogenannten Murgleiter.

Die Schwarzenbachtalsperre, der größte See im Nord- und Mittelschwarzwald

Im Sammelbecken Kirschbaumwasen wird die Murg gestaut.

Sagenhaft schön: Huzenbacher See

gehört zum nördlichen Teil des Nationalparks Schwarzwald. Nach wie vor ist aufgrund der Besitzverhältnisse der Waldflächen der Zusammenschluss mit dem südlichen Teil des Nationalparks noch nicht in trockenen Tüchern.

Sehr angenehm zu fahren ist zu Beginn und gegen Schluss der Runde das Wegstück auf dem vorbildlich präparierten Murgtalradweg von und nach Schönmünzach, dem ältesten Ferienort in der Region Baiersbronn.

Unser Wegverlauf

Wir radeln vom Parkplatz aus ein ganz kurzes Stück auf der B 462 über die Schönmünz in Richtung Baiersbronn, fahren gleich darauf links über die Murg und die Bahngleise, biegen links in den Murgtalradweg ein und folgen der blauen Raute Richtung Forbach. Unterhalb des Verlobungsfelsens lassen wir das E-Bike oberhalb der Murg mit leichtem Gefälle dahinrollen, passieren die beeindruckende Wehranlage Kirschbaumwasen mit der aufgestauten Murg, überqueren

Prima Bikeruntergrund: Waldweg bei Herrenwies

Rasante Abfahrt: Sommerbobbahn am Mehliskopf

den Kaltenbach und erreichen nun Raumünzach.

Zur Schwarzenbachtalsperre

In der Rechtskurve verlassen wir beim Pfadfinderhaus den Murgtalweg und queren nach links am Gebäude vorbei über einen Steg die Murg, treffen auf die B462, folgen ganz kurz nach rechts und biegen gleich darauf im Weiler Raumünzach nach links auf die L83 ein, der wir – vorbei am kleinen Wasserfall, wo der Schwarzenbach in die Raumünzach mündet – bis zur Linkskurve an der Oberen Fallbrücke folgen. Wir biegen rechts auf die geteerte Forststraße (Seeuferstraße) mit der MTB-Beschilderung ein und erreichen nach kurzer Fahrt die gewaltige Staumauer der Schwarzenbachtalsperre. Ab hier folgen wir dem nur für Wanderer und Radfahrer freien Seeuferweg mit erst gelber, dann roter Markierung am Ufer entlang.

Über Herrenwies zur Passhöhe Sand

An der Mündung des Schwarzenbachs in den Stausee folgt unser Weg dem Bachlauf, vorbei an der Herrenwieser Schwallung und teils durch einen Friedwald und dann am Waldrand entlang bis nach Herrenwies. Am Ortsrand beim Mahnmal »Königin des Friedens« führt uns der Weg rechts bergauf und als Herrenwieser Weg leicht rechts in den Wald. Vorbei am Sandsee erreichen wir die Passhöhe Sand mit ihrem alten verlassenen Kurhaus – einem beliebten Lost Place.

Badisch-schwäbisches Vesper in der Panoramahütte

Von Hundsbach nach Raumünzach

Wir treffen auf die B 500, halten uns an der Ampel links und gleich darauf nach der Bergwachtstation wieder schräg links auf den Harzweg mit der MTB-Beschilderung Mehliskopf. Etwas oberhalb der Schwarzwaldhochstraße geht es leicht aufwärts durch den Wald bis zum Bühlertal-Lift am Hundseck. Wir befinden uns nun am Hang des Mehliskopfes und biegen links in den Kohlplattenweg, bleiben auf ihm bis zur Wegkreuzung Östliche Dreikohlplatten, an der wir uns rechts auf den Kirchweg Richtung Hundsbach mit der gelben Raute begeben. An der nächsten Wegkreuzung nehmen wir rechts den kleinen Bergabwanderweg in Richtung Hundsbach, kreuzen auf dem Pfad einen Forstweg, treffen auf einen weiteren, der uns bergab bis zur L80b und nach Hundsbach führt.

Genusstipp

Im Biermarkt werden kleine Brauer und Hausbrauereien immer wichtiger. So wie das **Christophbräu**, die einzige Hausbrauerei im Murgtal. Seit 1995 wird hier unter ökologischen Gesichtspunkten Bier gebraut. Neben Pils auch Spezialbiere wie Maibock, Doppelbock, Weizen, Holunderblütenbräu oder Kastanienbier. Eigener Biergarten sowie Brauereiführungen mit Bierprobe.
■ *www.christophbraeu.de*

Zurück nach Schönmünzach

Wir radeln durch das Dorf in Richtung Raumünzach und biegen am Ortsende vor einer Linkskurve halb rechts auf die Straße Am Skihang in Richtung Schneidersplatzhütte. Wir folgen dann dem Waldweg am Talhang des Hundsbachs entlang abwärts durch den Wald. Wir passieren den Campingplatz Erbersbronn, kurz darauf die Erbersbronner Brücke, vor der wir allerdings rechts kurz bergauf und dann links bergab radeln.

Wir folgen dem Weg und kurven an drei Gehöften vorbei, wieder in den Wald nahe der Raumünzach, vorbei am Raumünzachwerk, und erreichen durch den folgenden Steinbruch hindurch wieder die Murgtalstraße B 462, die wir überqueren. Auf der vom Herweg bekannten kleinen Brücke überqueren wir die Murg, fahren vorbei am Pfadfinderhaus und schlagen dann rechts auf dem Murgtalradweg den Rückweg nach Schönmünzach ein.

Ausguck neben dem Trail hinunter auf Schönmünzach

mittel | 36 km | 680 m | 3–3,5 Std.

Auf einen Blick

Tourencharakter

Wir fahren anfangs (und auf dem Rückweg) auf dem Murgtalradweg. Danach gute Waldwege, gelegentlich kurze Passagen auf Teerstraßen. Bei der Abfahrt vom Ochsenkopf nach Hundsbach auch ein Stück auf einem schmaleren Trail im Wald.

Ausgangs-/Endpunkt

Gratisparkplatz gegenüber der Touristinformation Schönmünzach, Schifferstraße 2, 72270 Baiersbronn GPS 48.60717, 8.36635

Anfahrt

Per Bahn: Mit dem ICE von Karlsruhe oder Basel bis Rastatt, weiter mit der Murgtalbahn Richtung Freudenstadt zum Bahnhof Schönmünzach
Per Pkw: Über die A 5 zur Ausfahrt Rastatt-Nord, danach weiter auf der B 462 Richtung Schönmünzach.

Schlemmertipp

Sackmanns Panoramahütte

Die gemütliche Wanderhütte auf der Löchleswiese am Zwerchberg unterhalb der Schwarzenbachquelle mit edel-rustikalem Charme und einer sonnigen Terrasse bietet eine grandiose Aussicht auf das Murgtal und den Schwarzenberg. Die regionale Vesperkarte bietet sowohl badisch wie auch schwäbisch inspirierte Klassiker an.

■ *Löchleswiese 2, 72270 Baiersbronn, Tel: 07447/93 20, www.sackmanns-panorama-huette.de*

VOM DREISAMTAL NACH ST. PETER

7

Zur Grablege der Zähringer

Das Tal der Dreisam, die Freiburg durchfließt und später vereinigt mit der Elz in den Rhein mündet, öffnet sich nur wenige Kilometer östlich von der »Schwarzwaldkapitale«. Unsere Tour startet und endet im Zartener Becken und zieht durchs Ibental hinauf nach St. Peter.

Um das schwäbische Fürstengeschlecht der Zähringer – verwandt mit den Staufern – ranken sich zahlreiche Mythen und Legenden. Wie oft, wenn es tief in die Vergangenheit deutscher Herrscherhäuser geht: Ganz Genaues weiß man nicht.

Fakt ist, dass sie bedeutende Stadtgründer und Burgenbauer in der Nordwestschweiz und im deutschen Südwesten waren. Aufgrund politischer Ränkespiele in jenen Tagen wurden die Zähringer von zeitgenössischen Geschichtsschreibern auch als Herzöge ohne Herzogtum bezeichnet, obwohl sie zu den einflussreichsten Reichsfürsten zählten. Ihnen oblagen verschiedenste Herrschaften im Breisgau, der Ortenau, der Baar und dem schweizerischen Thurgau, dazu kamen Besitzungen wie das Herzogtum Kärnten und die Markgrafschaft Verona.

Als »echte« Zähringerstädte und von ihnen gegründet gelten Freiburg im Breisgau, Freiburg im Üechtland sowie Bern. Zahlreiche weitere Städte bauten sie aus und versahen sie mit Stadtrechten wie z. B. Neuenburg am Rhein, Bräunlingen, Villingen, Rheinfelden und Thun.

Um 1090 ließ Herzog Berthold II. im Schwarzwald nach einem geeigneten Ort für ein Hauskloster der Zähringer und einer Grablege suchen. Fündig wurde man schließlich im nahe an Freiburg gelegenen St. Peter, wo bereits drei Jahre später die Klosterkirche geweiht wurde. In der Familiengruft der Kirche wurden zahlreiche Zähringerherzöge bestattet, bis die Familienlinie 1218, nach dem Tod des letzten und kinderlosen Zähringers Berthold V., ausstarb.

Mit der Säkularisierung 1806 ging das Klostereigentum an das Großherzogtum

Geheimtipp

Das ehemalige Benediktinerkloster in St. Peter ist die einzige im Schwarzwald im Barockstil errichtete Anlage, die bis heute weitestgehend im Ursprungszustand erhalten geblieben ist. Die imposante Klosterkirche mit der Fassade aus rotem Sandstein und den zwei Zwiebeltürmen entstand zwischen 1724 und 1727. Ein besonderes Kleinod stellt auch die Rokokobibliothek im ehemaligen Kloster dar.

Gemächliche Steigung auf dem Ibental-Radweg

Gut behütet: hölzernes Wegkreuz am Hohackerweg

Belohnung nach der Tour: Schwarzwälder Kirschtorte

Blick vom Hornweg auf das Plateau und St. Peter

Roter Sandstein: die Zwillingstürme der Barockkirche

Gelungenes Miteinander: Radler und Läufer

Auf einer Teilstrecke folgen wir dem Kandelhöhenweg.

Rustikale Rastbank im Schatten der mächtigen Tanne

Blick übers Dreisamtal hinüber zum Feldberg

Baden über. Heute stellen die Klosterkirche St. Peter mit den gut erhaltenen Nebengebäuden und die weit über die Grenzen hinaus bekannte Klosterbibliothek ein prunkvolles barockes Gesamtensemble dar, das nach wie vor über die Zähringergruft wacht.

Unser Wegverlauf

Wir überqueren den links vom Parkplatz laufenden Bach und radeln auf dem schmalen Weg links zwischen Gymnasium und dem roten Schulgebäude auf die Häuser am Ortsrand zu, biegen rechts auf einen geteerten Rad- und Fußweg ein und werfen einen Blick nach rechts auf den Giersberg mit dem Pilgergasthaus St. Laurentius. Am Friedhof Giersberg biegen wir erst links ab und gleich darauf rechts auf den Radweg, der uns nach Höfen führt. An der ersten Kreuzung halten wir uns links, verlassen vor der lang gezogenen Rechtskurve die Straße, nehmen einen kurzen steilen Stich geradeaus, überqueren mit Vorsicht die Bahngleise und biegen sofort nach rechts auf den Weg parallel zu den Gleisen ab.

Geheimtipp

Die Rankmühle in St. Märgen ist Teil des Rankhofs. Das heutige Gebäude wurde als Wohnmühle 1802 errichtet. In den Hang gebaut und mit einem tief gezogenen Walmdach geschützt, war die Rankmühle ein eher kleiner Schwarzwaldhof. Nach teilweisem Verfall und Umbau im Wohnteil durch einen Förderverein präsentiert sich die Rankmühle heute wieder nahe an ihrem Originalzustand und ist ein Kulturdenkmal.

Bergan mit fantastischem Schwarzwaldblick

Der erste Abzweig links führt uns auf griffigem Asphalt auf die Brücke über die B 31 hinauf, um die Grünschnitt-Sammelstelle

Noch (fast) unberührt: Unteribental, Abzweig des Dreisamtals

Hoch über St. Peter liegen Höfe am Weg.

herum bis zum Fußball- und Tennisplatz Buchenbach. Wir nehmen den Radweg links, queren die Straße nach Ibental und halten uns rechts auf dem Radweg »St. Peter + Unteribental«.

Wir ziehen durch das langsam ansteigende, lang gezogene Tal, passieren einige sehenswerte Höfe mit schönem Blick auf die vor uns liegenden Schwarzwaldhöhen wie zum Beispiel den Lindenberg. Nach dem Wolfsteigehof zieht die schmale Straße weiter moderat bergan, bis an einem Brücklein rechts der unbefestigte Allmendweg ziemlich knackig ansteigt.

Im Auf und Ab durch das Ibental

Wir folgen dem weiter steigenden Forstweg, bis uns an einer Y-Gabelung das Wanderschild »St. Peter« nach links verweist. Wir stoßen auf eine schmale Asphaltstraße, rollen linker Hand erst den Berg hinab und müssen gleich darauf wieder geradeaus bergan. Wir passieren ein Gehöft, nehmen die kommende Haarnadelkurve links, weiter steigend, bis wir aus dem Wald heraus auf dem Hoh-

Rokokojuwel: die sehenswerte Klosterbibliothek

Landfrauencafé Goldene Krone: Highlight in St. Märgen

ackerweg eine Ebene erreichen. Ein Wegkreuz mit Bank und schönem Schwarzwaldblick lädt zur kurzen Rast ein. Wir verbleiben auf dem Sträßlein, passieren einen Angelweiher mit Bewirtung und zweigen auf dem kommenden Buckel rechts dem Wanderschild Hohackerweg folgend nach Schmittenbach ab. Wir kreuzen vorsichtig die stark frequentierte L 127, die von St. Peter nach St. Märgen führt, nehmen auf der gegenüberliegenden Seite den steilen Fischerweg mit Akku-Unterstützung in Angriff und folgen der gelben Raute.

Zum höchsten Punkt der Tour

Weiter stark steigend biegen wir rechts in den Weg Schmittenbach ab, folgen der Straße bis durch den Rotenhof und genießen danach eine Traumaussicht auf St. Peter sowie den Schauinsland und den Feldberg. Weiter geradeaus bergauf, bis uns auf der Kuppe das Holzschild »Vorderwillmen-Hof u. Amandenhof« auf ruppigem Untergrund nach links verweist.

Kurz vor dem Hof radeln wir beim Kruzifix geradeaus auf Schotter bergan, bis wir beim Wanderschild »Auf der Eck« den höchsten Punkt der Tour erreicht haben. Wir rollen zunächst bis zum Waldrand und von dort aus in höchst angenehmer und rasanter Fahrt vorbei am Heizmann-Hof bergab bis zum Camping Steingrubenhof.

Absolut regional: Schwarzwaldhonig direkt vom Imker

Zurück nach Kirchzarten

Wir queren die Glottertalstraße und biken geradeaus auf dem Hornweg weiter, erhaschen beim Wanderschild »Sauwasen« wieder schöne Blicke auf die Klosterkirche und den Ort St. Peter. Bei der kommenden Weggabelung (»Hornhof«) ziehen wir links zum Kandelhöhenweg und nehmen an der Dreizackgabelung den mittleren Weg bergab Richtung Langeckhof.

Beim Hofschild wählen wir rechts den geschotterten Kandelhöhenweg, den wir an der kommenden Y-Gabelung halb links über eine bergabwärts führende Forststraße wieder verlassen. Wir ziehen auf dem Hagenbühlweg in stetem und leichtem Auf und Ab hangseits durch den Wald, bis wir auf eine T-Kreuzung stoßen, wo wir den linken Weg weiter bergab wählen.

Der Klingeledobelweg führt uns aus dem Wald heraus, vorbei an der gleichnamigen Hütte und danach auf Asphalt stetig bergab Richtung Eschbach/Stegen. Wir durchfahren Hintereschbach, erreichen die Autostraße St. Peter–Stegen, der wir nach rechts folgen. Gleich nach dem Ortsschild Stegen halten wir uns links nach Oberbirken und dort wieder rechts auf der Schulhausstraße bis zum Radweg Kirchzarten, dem wir in den Ort und bis zum Dreisambad folgen.

Genusstipp

Seit vier Generationen besteht die **Imkerei Graf** in St. Peter als Schwarzwälder Familienbetrieb, der heute die Imkerei mit den Prinzipien der Permakultur (dauerhafte Kultivierung) verbindet. Die Erhöhung der Artenvielfalt in Bezug auf Flora und Fauna liegt der Familie dabei stark am Herzen. Aktuell werden Tannen-, Wald- und Blütenhonig angeboten.

■ *Bestellungen auch unter Tel. 0152/06 25 51 38*

Schlemmertipp

Café Goldene Krone

Nicht weit von St. Peter wartet im benachbarten St. Märgen ein architektonisches und kulinarisches Juwel darauf, entdeckt zu werden. Die als Landfrauencafé bekannte Goldene Krone in St. Märgen ist die Topadresse für feine Kuchen und Torten. Durch eine rührige Bürgerinitiative vor Verfall und Abriss gerettet, schwingt heute in dem auffälligen und wunderschön restaurierten Gebäude eine Landfrauenkooperative Schneebesen, Spritzbeutel und Tortenheber. Die Schwarzwälder Kirschtorte der Krone ist weit über die Landkreisgrenzen hinaus berühmt, aber auch alle weiteren Torten und Kuchen sowie die deftigen Vesperplatten erfreuen sich ungemeiner Beliebtheit. Der Abstecher hierher lohnt also nicht nur für süße Schleckermäuler.

■ *Wagensteigstraße 10, 79274 St. Märgen, Tel. 07669/939 99 88, www.cafe-goldene-krone.de*

Die Rankmühle bei St. Märgen, ein zeitgeschichtliches Kleinod

mittel | 35 km | 780 Hm | 2 Std.

Auf einen Blick

Tourencharakter

Wir fahren etwas mehr als die Hälfte der Strecke auf asphaltierten Radwegen und Sträßchen. Oberhalb von St. Peter auf gut befahrbaren, teils geschotterten Waldwegen.

Ausgangs-/Endpunkt

Gratisparkplatz an der Oberrieder Straße, beim Sportverein Kirchzarten, 79199 Kirchzarten
GPS 47.95929, 7.95436

Anfahrt

Per Bahn: Mit der Höllentalbahn von Freiburg oder Donaueschingen zum Bahnhof Kirchzarten

Per Pkw: Über die A 5 z. B. aus Basel oder von Frankfurt kommend bis zur Ausfahrt Freiburg Mitte, danach weiter auf der B 31 bis zur Abfahrt Kirchzarten. Von Donaueschingen über die B 31 bis zur Abfahrt Kirchzarten

Kulturerbe Burg Hohengeroldseck

8

Vom Schuttertal zum Rauhkasten

Das Schuttertal liegt zwischen den Landkreisen Emmendingen und der Ortenau abseits stark frequentierter Pfade und ist deshalb (noch) ein Geheimtipp. Aus einem verschlafenen Flusstal steigen wir in rustikale Berghöhen an, passieren viele Hütten und genießen die Stille.

Mit ungefähr 20 Kilometern Länge zwischen den Höhen über Schweighausen bis zum Austritt in die Rheinebene bei der badischen Stadt Lahr ist das Schuttertal eines der kürzeren Täler des Schwarzwalds und nach wie vor im Dornröschenschlaf. Der Vorteil: Es ist nicht touristisch überlaufen, und mit viel freiem Gelände fühlt man sich als Radler ziemlich schnell und stark eins mit der Natur.

Am oberen Ende des Tals liegt die Stadt Lahr; viele Jahre nachdem der NATO-Stützpunkt der Kanadier hier geräumt wurde, ist wieder badische Beschaulichkeit eingekehrt. Der ehemalige Militärflugplatz wird heute zivil genutzt, in allererster Linie für Frachtflüge, dabei großteils für Maschinentransporte der nahe gelegenen Tunnelbau-Maschinen-Firma Herrenknecht.

Die Schutterquelle liegt auf 680 Metern Höhe am Hünersedel oberhalb von Schweighausen und bahnt dem Flüsschen einen Weg über felsiges Gelände hinunter ins Tal. Hinter Lahr vereinigt sich die Schutter mit der Kinzig, um dann nahe Kehl in den Rhein zu münden.

Rad- und Wanderwege durchziehen das schmale Tal beiderseits des Flusses, das historisch von der spätmittelalterlichen Herrschaft der Herren von Geroldseck geprägt wurde. Der landschaftlich beherrschende Punkt der Region ist folgerichtig

Alter Steg über die Schutter bei Reichenbach

Weitsicht vom wunderschönen Rastplatz an der Guttahütte

Geheimtipp

Die Burgruine Hohengeroldseck aus dem 13. Jahrhundert hoch oben auf dem Schönberg zwischen dem Kinzig- und dem Schuttertal ist schon von Weitem zu sehen. Beeindruckend sind die Reste der Unterburg mit ihren zehn Meter hohen Außenmauern sowie das Hauptgebäude der Oberburg. Die Treppenspindel des Palas führt sogar noch hoch hinauf ins oberste Stockwerk, dessen Mauerreste sich auch betreten lassen.

Die Burgruine spitzt auf der bewaldeten Kuppe hervor.

Hammerstarkes Kleinod: Alte Schmiede

Grillstelle mit Sitzgelegenheiten: Wanderhütte Mohlbück

Gut bewacht: Ein Geroldsecker passt aufs Radl auf.

Rarität für Kenner: Apfel küsst Eiche

die Burgruine Hohengeroldseck auf der Höhe zwischen dem Schutter- und dem Kinzigtal, die passgenau an unserer Route liegt und unbedingt einen Besuch wert ist.

Unser Wegverlauf

Wir folgen vom Parkplatz an der Ludwig-Auerbach-Straße rechtsgerichtet der Fahrradbeschilderung auf dem Rhein-Schuttertal-Radweg und radeln entlang der Schutter bis zur Mühle Glatz, wo wir die Schutter queren. Nach einem kurzen Stück geht es zurück erneut über eine Brücke auf die andere Flussseite und vorbei am Campingplatz, nach einer Spitzkehre weiter der Schutter folgend bis nach Wittelbach.

Wir biegen links in die Unterdorfstraße ein, queren die L 102 und nehmen gleich wieder rechts den Radweg entlang der L 102. Bei der Bushaltestelle Eiche nehmen wir links die Straße Kambach und steigen vom Tal aus Richtung bewaldeter Bergrücken gemütlich an.

In Oberkammbach passieren wir die drei Häuser des Hofs, um gleich nach der Kurve links direkt steil auf den geschotterten Kambachweg (Waldweg) einzubiegen. Dieser führt uns in etlichen Serpentinen ordentlich bergauf bis zur Kreuzung an der Kambacher Hütte unter dem Windrad.

Genusstipp

Unbedingt einen Besuch (gegen telefonische Voranmeldung) und ein Versucherle wert ist die Raukastendestille nahe dem Rauhkasten (Burgruine Alt-Geroldseck). Hier werden feinste Destillate aus Streuobstfrüchten, Kernobst wie Äpfeln und Birnen genauso wie Steinobst, Kirschen, Pflaumen oder Mirabellen komponiert. Qualität steht hier vor Quantität, daher sind die Mengen begrenzt.

■ *www.raukastendestille.de*

Hinauf zur Burgruine Hohengeroldseck

Wir passieren insgesamt drei Windräder und folgen dem Neuen Eichenweg (auch Kandelhöhenweg) durch den Wald bis zum Gasthaus Sodhof. Hier biegen wir rechts ab auf den Rebioweg, der uns ein gutes Stück bergabwärts bis zum Wegpunkt Bildstock Himmelspach lenkt. Von hier erreichen wir links nach wenigen Metern weiter abwärts die B 415 (Vorsicht: schlecht einsehbare Einmündung!).

Wir folgen der Straße ein kurzes Stück bergauf, vorbei an der Herberge zum Löwen (einem der ältesten Gasthäuser Deutschlands), und biegen auf der Kuppe rechts in die Straße Schlossberg ein, die uns im Linksbogen zum Wegpunkt Geroldseck und von dort links hinauf zur Burgruine führt.

Café Süßes Löchle: Kuchenparadies in Lahr

Auf Höhenwegen mit weiten Aussichten

Wir rollen zurück zum Wegpunkt Geroldseck und halten uns halb rechts auf der Straße Rauhkasten Richtung Waldrand und des gleichnamigen Bergs.
Die Strecke folgt dem Kandelhöhenweg durch den Wald bis zur Guttahütte mit dem Rebmesserstein-Brünnele. Ein geeigneter Rastplatz mit Himmelsliegen und wunderbarer Aussicht auf die Höhen hinter dem Kinzigtal. Weiter führt uns der Rauhkastenweg bis zum Pionierstein.

Hier wechseln wir halb links auf dem Oberen Buchhaldenweg leicht bergauf zum Wegpunkt Hohschluck und folgen dort halb links dem Forstweg zur Julius-Kaufmann-Hütte, fahren weiter geradeaus zur Rauhörnlehütte, dort links zum Wegpunkt Rauhörnle und weiter auf dem Höhenweg (blaue Raute) zur Tafeltanne.

Zurück nach Seelbach

Dort nehmen wir geradeaus den erst ebenen Waldweg, der uns dann bergab bis zur Mohlbuckhütte führt. Hier nun links über den Unteren Schwöllbachweg bis zur Wegkreuzung Schwöllbach, dort links zunächst bergauf und gleich darauf halb rechts zum Wegpunkt Schuttertalblick und im spitzen Zickzack bergab dem Waldläuferweg folgen.

An der Robinsonhütte zweigen wir rechts auf Asphalt bergab zur Hauptstraße hinunter, in die wir rechts einbiegen, um sie gleich wieder rechts auf die Straße Breitmatten zu verlassen.

Wir folgen der Straße in einem Linksbogen um den Womo-Stellplatz herum und folgen dem Radweg Rhein-Schuttertal am Fluss entlang, vorbei an Reichenbach und seiner Hammerschmiede, bis wir am Ortseingang Seelbach auf die Eisenbahnstraße treffen, die uns nach etwa einem Kilometer mit einer leichten Rechtskurve wieder zum Parkplatz führt.

Historischer Fachwerkbau: Herberge Zum Löwen am Schönbergpass

mittel | 40 km | 600 Hm | 2,5 Std.

Auf einen Blick

Tourencharakter

Am Anfang und am Schluss der Tour auf asphaltierten Radwegen, dazwischen auf geschotterten und gewalzten, recht gut befahrbaren Waldwegen

Ausgangs-/Endpunkt

Gratisparkplatz Ludwig-Auerbach-Str. 6, 77960 Seelbach
GPS 48.30968, 7.93814

Anfahrt

Per Bahn und Bus: Der Bahnhof Lahr liegt auf der Rheintal-Bahnstrecke Karlsruhe–Basel. Vom Bahnhof Lahr gibt es zahlreiche Verbindungen mit dem SWEG-Linienbus 106 ins Schuttertal und nach Seelbach.
Per Pkw: Über die A5 Karlsruhe–Basel, Abfahrt Lahr. Von Lahr auf der B415 Richtung Biberach, nach Reichenbach im Kreisverkehr die erste Ausfahrt auf die L102 nach Seelbach. Von Offenburg auf der B33 bis Biberach Ausfahrt B415, im Kreisverkehr zweite Ausfahrt auf die L102 nach Seelbach

Schlemmertipp

Café Süßes Löchle

Das Art-déco-Café mit 125-jähriger Geschichte ist ein ganz besonderer Ort. 1898 gegründet und 1921 im Art-déco-Stil renoviert, handelt es sich heute um das einzige Café in Baden-Württemberg, das unter Denkmalschutz steht. Café, Laden, die historische Backstube und der charmante Innenhof ergeben allein schon ein selten schönes Ensemble, der Blaue Salon in der Bel Étage, der separat für private Feiern gebucht werden kann, ist ein zusätzliches – nicht nur optisches – Highlight. Eine reichhaltige Auswahl an frischen Kuchen, Torten und Gebäck sorgt dafür, dass hier nicht nur das Auge mitisst.

- *Friedrichstr. 14 am Urteilsplatz, 77933 Lahr, Tel. 07821/996 64 40, www.cafe-suesses-loechle.de*

RUND UM DAS BIOENERGIEDORF FREIAMT

9

Ein Dörflein nahe am Himmel

Der badische respektive alemannische Nationaldichter Johann Peter Hebel (1760–1826) erfreute sich bereits zu seiner Zeit an der idyllischen Landschaft um Freiamt und beschrieb es poetisch als »Dörflein nahe am Himmel«.

Diese Runde führt in die Vorbergzone des Naturparks Südschwarzwald, rund um das lediglich bei Insidern bekannte Streudorf Freiamt mit seinen fünf Ortsteilen Ottoschwanden, Mußbach, Reichenbach, Keppenbach und Brettental. Unbekannt auch, weil der Ort abseits der touristisch ausgetretenen Pfade liegt und trotz der Nähe zur sympathischen Großstadt Freiburg verkehrstechnisch nicht gerade ideal angebunden ist. Von der Rheinseite (A5), aus dem Schutter- oder dem Kinzigtal ist Freiamt nur über schmale Kreisstraßen in stetem Auf und Ab zu erreichen, was für den Wanderer und E-Biker den Vorteil hat, dass die Wege selbst am Wochenende nie überlaufen sind und sich die Erholung bei diesem Trip durch dichte Bewaldung, vorbei an kleinen Bächen, traditionellen Bergbauernhöfen und Hochweiden, von den ersten Metern an einstellt. Absolut bemerkenswert an diesem abgelegenen Flecken an der Schnittstelle verschiedener malerischer Schwarzwaldseitentäler ist, dass die Gemeinde sich bereits 1997 erneuerbaren Energien

Geheimtipp

Im Laufe der letzten zehn Jahre entstand in Freiamt ein außergewöhnliches Turmuhrenmuseum. In den ehemaligen Stallungen des Freihofs werden Rathausuhren, Bahnhofsuhren und viele weitere Großuhren gezeigt. Etliche davon auch mit spannendem lokalem Bezug. Nach einer Erweiterung vor sechs Jahren ist das Museum inzwischen mit über 50 Turmuhren eines der weltweit größten dieser Art.

Schmaler Waldtrail hinab zur Gscheidstraße

Aussichtsturm auf dem Hünersedel, Hausberg von Freiamt

Hier ticken die Uhren anders: Turmuhrenmuseum.

Klosterkapelle Tennenbach, Rest einer ehemaligen Zisterzienserabtei

Einstieg in die Carolinengrube, ein ehemaliges Silberbergwerk

Romantischer Rastplatz Dreieichenhütte

zur Stromversorgung zugewandt hat.
Heute nutzt das Bioenergiedorf das gesamte Spektrum von erneuerbaren Energien zur Selbstversorgung seiner Bürger, für die Landwirtschaft und für touristische Angebote.

So produzierten Wind- und Wassermühlen, Solaranlagen und zwei Biogasanlagen im Jahr 2022 insgesamt 29 GWh Strom durch diese regenerativen Anlagen. Sonnenkollektoren werden zur Heizungsunterstützung und Warmwasserbereitung genutzt, geheizt wird vielfach über Hackschnitzel- und Pelletheizungen und mittlerweile sind in verschiedenen Privathäusern bereits die ersten mit Geothermie, Luft oder Wasser betriebenen Wärmepumpenheizungen installiert.

Unser Wegverlauf

Wir nehmen vom Parkplatz aus den Fahrweg entlang des Eberbächles rechts hinter ins Tal, der bis zur Dreizackkreuzung asphaltiert ist, und biegen dort links in den ansteigenden Erzlöcherweg ein. Vorbei am

Bestens präpariert: der Zwei-Täler-Steig

Wanderheim Kreuzmoos direkt am Kandelhöhenweg

Tipp

Die ehemalige Zisterzienserabtei Kloster Tennenbach war eines der größten und bedeutendsten Klöster in der südwestdeutschen Region. Nur die frühgotische Kapelle, die als Krankenkapelle diente, steht heute noch.

Eingang zur Grube Caroline steigen wir in Serpentinen durch den Mischwald bis zur Dreieichenhütte ordentlich an.

Durch Wald hinauf zur Passhöhe

An der Kreuzung bei der Hütte radeln wir geradeaus weiter durch den Wald; wenn der sich nach einer langen Linkskurve öffnet, nehmen wir den schmalen Trail zwischen elektrozaungesicherten Weiden steil hinunter. Der Pfad wechselt ab dem Waldrand in einen ruppigen Waldweg, der uns an einem Hof vorbei hinunter zur K 5109 (Gescheidstraße) bringt. Auf Asphalt radeln wir nach rechts tiefer in das Tal hinein und haben nach etwa zwei Kilometern bei den Kammerhöfen einen brutalen Anstieg auf der Teerstraße hinauf zum Wirtshaus Zum Gscheid vor der Brust. Nie war der Akku des E-Bikes wertvoller als hier!

Zum Naturschutzgebiet Kreuzmoos

Auf der Passhöhe angekommen, nutzen wir die Gelegenheit zum Ausschnaufen (eine kurze Wirtshausrast bietet sich an) und biegen zwischen Wirtshaus und Biergarten links in den Tännlebühlweg ein.
Auf dem Tännlebühl radeln wir nun vorbei an Windrädern und dem Eckleberg in Richtung Schwarzenberg. Links von der Strecke schweift der Blick in urtümliche Schwarzwaldtäler – die Zeit scheint stehen geblieben. Wir bewegen uns nun ein gutes Stück auf dem gut befahrbaren und aussichtsreichen

Kandelhöhenweg. Über die Wegmarken Schillinger Berg, Hohes Eck und Auf der Wacht erreichen wir das Naturschutzgebiet Kreuzmoos mit seinen Niedermoor- und Feuchtwiesenflächen, auf denen unter anderem der seltene rundblättrige Sonnentau oder das Sumpf-Herzblatt gedeihen.

Genusstipp

Michael Wickert ist zweifellos ein toller Hecht: Der Ravensburger angelt mit seiner Schwarzwälder Fischräucherei **Glut & Späne** Preise, Auszeichnungen und Komplimente en masse. Dass er seinen Ein-Mann-Betrieb in einer ehemaligen Metzgerei der Gemeinde Freiamt angesiedelt hat, kann das Schwarzwalddorf als großen Fang bewerten. Geöffnet März bis Juni und September bis Dezember.

■ *www.glutundspaene.de*

Hinauf zum Hünersedel

Leicht bergauf erreichen wir das Wanderheim Kreuzmoos, ziehen bis zur Wegmarke Kreuzmoosmatte weiter und nehmen links am Waldrand entlang am Hockenbühl den Hockeweg, der uns bergab durch den Wald bis zu einem einzeln gelegenen Gehöft führt, wo er wieder auf Asphalt wechselt. Wir lassen uns steil bergab rollen, durchfahren die wenigen Häuser von Waldshut und blicken bei einem kurzen Stopp rechts hinauf zum Hünersedel mit seinem markanten Turm. Über die Hünersedelstraße folgen wir bergab dem Waldshutbach nach Brettental, durchfahren den Ort und weiter abwärts auf der K5137 bis zum Abzweig an der Bushaltestelle Freiamt-Niedertal. Dort fahren wir rechts aufwärts, an der Landstraße links, nehmen den ersten Abzweig links ins Dorf und radeln noch mal links über die Straße Am Herrwald an den Häusern entlang.

Zurück zum Eberbächle

Nach kurzer Strecke zweigen wir rechts in die Langestraße ein, die uns abwärts vorbei am Sportplatz zum Ortsteil Mußbach lenkt. Wir passieren das Schulzentrum, biegen beim Gasthaus zur Krone links in die Straße Auf der Eck ein, die uns aus Mußbach führt, und radeln geradeaus weiter bis Glasig.

Durch den Wald steigen wir an, ab der Kuppe rollen wir dann unaufhaltsam bergab. Nach den letzten Häusern weicht der Teerbelag wieder einem geschotterten Weg, der uns durch den Wald in zwei Spitzkehren hinunter zum Gallinabrunnen und der L110 bringt.

Auf der Landstraße, die nun links in Richtung Sexau verläuft, verbleiben wir, wechseln bei den Staudenhöfen auf den Radweg, den wir nach etwa einem Kilometer beim Eberbächle nach links verlassen, queren die L110 und kommen wieder beim Parkplatz der Grube Caroline an.

Schlemmertipp

Gasthaus Zum Gscheid

Ein absolut authentisches, badisch-bürgerliches Wirtshaus mit Kachelofen und Holzfußboden wie aus dem Bilderbuch! Das Haus liegt direkt am Zweitälersteig des Elztals und an der Wanderroute Kandelhöhenweg und markiert die Wasserscheide zwischen Freiamt und dem Elztal, wovon sich auch der ungewöhnliche Wirtshausname ableitet. Auf der Karte dominieren badische Klassiker und die gute alte gutbürgerliche Küche. Ein absolutes Highlight ist der wunderschön bepflanzte und dekorierte Biergarten mit seinen Schatten spendenden Nadelbäumen und Kastanien – eine echte Wohlfühloase.

■ *Gscheidstraße 16, 79348 Freiamt, Tel. 07645/335*

Allerbeste Fischräucherei: Glut und Späne

Gasthaus Zum Gscheid, wohlverdienter Stopp nach steilem Aufstieg

mittel | 40 km | 900 Hm | 2,5 Std.

Auf einen Blick

Tourencharakter
Wir fahren etwas mehr als die Hälfte der Strecke auf asphaltierten Sträßchen und Straßen. Teils auf geschotterten Waldwegen, teils auf steilen, erdgebundenen Wegen.

Ausgangs-/Endpunkt
Gratisparkplatz Grube Caroline an der L 110, Eberbächle 11, 79350 Sexau
GPS 48.11926, 7.90956

Anfahrt
Per Bahn: Mit der Breisgau-S-Bahn bis zum Bahnhof Waldkirch, dann mit dem Bus 7201 nach Sexau
Per Pkw: Über die A 5 z. B. aus Basel oder von Frankfurt kommend bis zur Ausfahrt Freiburg Nord, danach weiter auf der B 3 bis zur Abfahrt Denzlingen, am ersten Kreisverkehr links auf die L 110 Richtung Sexau, Freiamt

IN DER VORBERGZONE UM DIE KURSTADT

10

Baden-Baden einmal anders

Schlösser, Burgen und Ruinen liegen diesmal reichlich am Wegrand, der uns um und in die altehrwürdige Kurstadt Baden-Baden führt. Festspielhaus, Casino und Kurhaus lassen wir dabei »links liegen« und genießen lieber die waldreiche Ein- und Ausfahrt in bzw. aus der Bäderstadt.

Baden-Baden liegt umgeben von Rebland, dicht bewaldeten Hügeln und geschichtsträchtigen Schlössern, Burgen und Ruinen. Einst von den Römern dank seiner Heilquellen Aquae (Bad bzw. Quelle) genannt, entwickelte sich die Stadt im Mittelalter zum Stammsitz der Markgrafen von Baden, die einst im Schloss Hohenbaden (Altes Schloss) und später im Neuen Schloss auf dem Florentinerberg residierten. Der landschaftliche Charme des direkten Umlands von Baden-Baden mit den dicht bewaldeten Schwarzwaldbergen – unter anderem dem bei Kletterern beliebten Battert mit seiner mächtigen Felswand – und dem sanften Rebland steht in der Wahrnehmung der Stadt hinter all den Thermen und Heilbädern leider etwas zurück.

Das ändert dieser Tourenvorschlag, der das Beste aus Wald, Wein und Burgen für E-Biker zusammenfasst und sich hinter den Sehenswürdigkeiten des Hochschwarzwalds nicht zu verstecken braucht.

Unser Wegverlauf

Wir verlassen den Bahnhofsparkplatz in nördlicher Richtung über die Kuppenheimer Straße, zweigen bei der ersten großen Kreuzung rechts ab und nehmen den Radweg neben der L67 bis nach Haueneberstein. Im Ort biegen wir beim Rathaus rechts ab auf den Rathausplatz und folgen der Eberbachstraße aus dem Ort und hinauf in den Wald.

Ebersteinburg bis Schloss Hohenbaden

Am Waldparkplatz Quelle bei den Tennisplätzen wählen wir links den Waldweg, der

Das mondäne klassizistische Kurhaus Baden-Baden

Ehemaliges Wasserschloss im Ortsteil Neuweier

Geheimtipp

Verlässt man die Kur- und Bäderstadt nach Südosten, so wartet im Grobbachtal mit seinem urwaldähnlichen und schattigen Schluchtwald eine sehenswerte Überraschung. Vom Waldparkplatz Wannacker aus führt ein Wanderweg entlang des Grobbachs zum Naturdenkmal Geroldsauer Wasserfall. Am Wegende stürzt das Wasser über eine Steinstufe etwa sieben Meter tief in einen geweiteten Kessel.

uns ansteigend bis zum Wanderparkplatz Ziegelwasen bringt, wo wir rechts in die K 9602 einbiegen und in Kurven weiter bergan nach Ebersteinburg ziehen. Wer möchte, kann hier einen kurzen Abstecher in der Ortsmitte links zur Burgruine machen.

Weiter geht die Runde, indem wir rechts der Beschilderung zum Alten Schloss folgen und über die Hilsbrunnenstraße, einen Höhenweg um den Battertberg, bis zum Schloss Hohenbaden radeln. Der Ausblick von hier auf die Stadt Baden-Baden, die Vorbergzone und die Rheinebene lohnt einen Aufenthalt. Viele bekannte Schwarzwaldgipfel sind bei passender Fernsicht gut zu identifizieren.

Wir folgen nun dem Alten Schlossweg im Zickzack abwärts, vorbei am Eberbrunnen, und erreichen über den Türkenweg durch eine Parklandschaft das Neue Schloss. Hinter dem Schloss rollen wir links auf der Straße bergab in die Innenstadt, bis wir das Rathaus in der Fußgängerzone erreichen. Von hier folgen wir den »i«-Schildern, die uns in Richtung Touristinformation am Kurhaus bringen.

Kloster Lichtental und Grobbachtal

Jetzt radeln wir über die Lichtentaler Allee am Theater vorbei und immer nahe am Flüsschen Oos in den Ortsteil Lichtental. Am Kloster Lichtental nehmen wir für ein paar wenige Radmeter rechts die B 500 (Schwarzwaldhochstraße), biegen allerdings gleich halb rechts in die Cäcilienstraße, überqueren den Grobbach und gehen über in den Radweg Richtung Wegpunkt Zimmerplatz. Vom Talrand des Grobbachtals steigen wir langsam an den Waldsaum und ziehen parallel zur B 500 mit immer wieder schönem Talblick zum Wanderparkplatz Zimmerplatz hinauf. Dort stoßen wir auf die »Weinstraße« L 84, die uns in rasanter Fahrt durch Wald und schließlich Rebberge nach Neuweier führt, einer der Baden-Badener Reblandgemeinden.

Genusstipp

Einen Fixstern im Rebland um Baden-Baden stellt das ökologisch zertifizierte **Weingut Kopp** in Sinzheim-Ebenung dar. Hier wird biodynamischer Weinbau nach Demeter-Richtlinien betrieben. Erzeugt werden badische Rieslinge und Burgunderweine der Extraklasse aus 1-a-Weinlagen, wie z. B. der Monopollage Feigenwäldchen (Kloster Fremersberg) oder der Varnhalter Sommerhalde.

■ *www.weingut-kopp.com*

Von Steinbach nach Baden-Baden

Wir durchqueren den Weinort, vorbei am Neuen Schloss, und ziehen weiter entlang der Rebberge nach Steinbach. Hier biegen wir rechts ab in die Grabenstraße Richtung Varnhalt, fahren kurze Zeit später nach links und sofort wieder rechts auf die Alte Landstraße, die nun nahezu eben durch Streuobstwiesen und Weinhügel zur B 3 lenkt, wo wir wiederum in den Radweg rechts neben der Bundesstraße einbiegen.

Wir folgen Radweg und Wegweiser durch Sinzheim, umfahren den Autobahnzubringer rechts und nutzen nach den ersten Häusern linker Hand die Fußgängerbrücke über die B 500. Nach einem kurzen Stück geradeaus erreichen wir die Sinzheimer Straße, in die wir rechts abbiegen, dann stromern wir der Wegweisung folgend zum Bahnhof, wo unsere Tour am Parkplatz ihren Anfang nahm.

Burgruine Alt Eberstein in Ebersteinburg

Kühne Architektur für das Spitzenweingut Kopp

leicht | 40 km | 550 Hm | 2,5 Std.

Auf einen Blick

Tourencharakter
Wir fahren etwa zwei Drittel der Strecke auf asphaltierten Straßen und Sträßchen oder Radwegen. Teils auf geschotterten Waldwegen, teils auf erdgebundenen Wegen.

Ausgangs-/Endpunkt
Großer, kostenpflichtiger Park-and-ride-Parkplatz am Bahnhof Baden-Baden, Ooser Bahnhofstraße 4, 76532 Baden-Baden
GPS 48.79064, 8.19204

Anfahrt
Per Bahn: Der Bahnhof Baden-Baden Oos liegt direkt an der ICE-Strecke Karlsruhe-Basel.
Per Pkw: Über die A 5 z. B. aus Basel oder von Frankfurt bis zur Ausfahrt Baden-Baden, Richtung Stadtmitte und bei der Ausfahrt Richtung Oos in die Sinzheimer Straße, der Beschilderung zum Bahnhof folgen

Schlemmertipp

Restaurant Ebanat im Weingut Kopp
Ein Restaurant im Weingut kommt mittlerweile auch in deutschen Weinanbaugebieten häufiger vor – das Ebanat im Weingut Kopp ist aber etwas ganz Besonderes. Beim Neubau des Guts wurde von Anfang an ein eigenes Restaurant in die Planung miteinbezogen und architektonisch hervorragend umgesetzt. Über die Restaurantterrasse oder die riesigen Panoramafenster des Gastraums genießen die Besucher atemberaubende Blicke auf die Reben und die Vorbergzone. Küchenchef Stefan Schmidt und sein Team offerieren Speisen auf höchstem kulinarischem Niveau, die badische Basics mit internationalem Flair veredeln. Im Zusammengang mit den Kopp-Weinen sind die angebotenen Menüs eine echte Offenbarung.

■ *Ebenunger Straße 23, 76547 Sinzheim, Tel. 07221/397 70 68, www.weingut-kopp.com/restaurant*

Von Furtwangen zum Donauursprung

11

Wo der Schwarzwald die Baar trifft

Zwei aussichtsreiche Türme und die »Donauquelle« liegen an dieser Runde im Schwarzwald-Baar-Kreis, der aufgrund seiner Fließgewässer zwischen Schwarzwald und Schwäbischer Alb (Breg, Brigach, Elz, Neckar) auch als Quellenland bekannt ist.

Wir radeln hier im Grenzgebiet zwischen Schwarzwald und Schwäbischer Alb im sogenannten Schwarzwald-Baar-Kreis, allerdings stärker auf der Schwarzwälder Seite. Diese Runde bietet von allem etwas: sanfte Hänge mit Viehweiden, kurze, knackige Anstiege, lang geschwungene Bögen durch Nadel- und Mischwald, Türme mit bestechender Aussicht, schöne Abfahrten durch Hochweiden und Wald und zum Abschluss einen wunderbar zu radelnden, erdgebundenen Radweg entlang der Breg.

Furtwangen selbst fliegt im Vergleich zu Triberg, Titisee, Baiersbronn oder Bad Wildbad touristisch leicht unter dem Radar. Zu Unrecht allerdings. Nicht nur, dass das Skiinternat hier als eine Eliteschule des Sports äußerst erfolgreiche Wintersportler wie die Skispringer Martin Schmitt oder Sven Hannawald, die Biathleten Simone Hauswald, Simon Schempp oder Benedikt Doll und die nordischen Kombinierer Manuel Faißt oder Fabian Rießle (um nur einige zu nennen) hervorgebracht hat, die Region beherbergt mit Breg und Brigach auch die beiden Quellflüsse der mächtigen Donau.

Die Bergregion rund um Furtwangen bietet mit dem Brend, dem Katzenbühl, dem Rosseck, dem Rohrhardsberg, dem Kesselberg und dem Schlegelberg abwechslungsreiche Gipfel mit Routen, die für Wanderer und Radler gut erschlossen, aber bei Weitem nicht überlaufen sind. Zwei steinerne Türme, die in exponierter

Geheimtipp

Im Zentrum der Stadt Furtwangen liegt als ein Teil der HFU (Hochschule Furtwangen) das Deutsche Uhrenmuseum. Mehr als 8000 Zeitmesser und Objekte wurden im Lauf von 170 Jahren zusammengetragen, davon sind etwa 1000 Uhren ausgestellt. Keine Frage, dass die Schwarzwälder Kuckucksuhren eine gewichtige Rolle spielen.

■ *www.deutsches-uhrenmuseum.de*

Der Brend-Turm auf 1149 Metern, oberhalb Furtwangens

Markante blau-gelbe Wegweiser für Mountainbiker

Deutsches Uhrenmuseum an der Deutschen Uhrenstraße

Furtwangen, eingebettet in das Tal der Breg

Der Günterfelsen auf dem Brend ist ein Naturdenkmal aus Urzeiten.

Bikermuss: badisches Vesper

Lage an unserem Weg liegen, bieten von ihren Aussichtsplattformen traumhafte Blicke in den Schwarzwald und über die Baar. Landschaftsbilder, an denen man sich gar nicht sattsehen kann.

Unser Wegverlauf

Die Tour startet am Parkplatz an der Martin-Schmitt-Straße auf einem schmalen, holperigen Pfad, entlang des Waldrands, vorbei am Sportplatz und der Tennishalle. Im Ortsteil Hintere Breg kreuzen wir die Straße, radeln kurz zwischen den Häusern und biegen links in die Straße Im Hochtal ein.

Wir folgen ihr ansteigend, unterqueren die B 500 und rollen danach rechts den Schweizergrund hinunter. Der trifft nach einer lang gezogenen Rechtskurve auf die Hauptstraße, die uns bergan nach und durch Neukirch führt. Wir verlassen den Ort leicht nach rechts gewandt auf der Straße Bregenbach, passieren den gleichnamigen Weiler und biegen kurz vor der B 500 links auf den Radweg ein, der uns

Alte Richtstätte am Weg: der Triberger Galgen

Tipp

Auf 1078 Metern Höhe nordwestlich von Furtwangen entspringt die Breg. Sie ist mit 46 Kilometern Länge der längste Quellfluss der Donau und gilt daher auch offiziell als Donauquelle.

schon nach kurzer Fahrt an die Einmündung der B 500 in die L 173 führt.

Hinauf zum Brendturm

Vorsichtig queren wir die viel befahrene Autostraße, nehmen gleich rechts den Höhenweg durch das Gewerbegebiet Neueck, der uns erst links und dann rechts an den Gebäuden vorbei zum Waldrand führt. Der Asphalt weicht nun gut befahrbarem Waldboden, wir steigen leicht an bis zum Wegzeichen Hübschental, knicken dort rechts und gleich darauf wieder links ab und stromern durch den Wald, vorbei an den Leimgrubenhöfen bis zur Straße Raben.

Wir folgen dem Sträßlein links und der Ausschilderung zum Brendturm. Es folgt ein teilweise anspruchsvoll steiler Aufstieg, bis wir den 1149 Meter hoch gelegenen Brend mit seinem spektakulären Turm erreicht haben. Von hier bietet sich eine herrliche Sicht zum Feldberg, Schauinsland und dem Kandel. Bei passendem Wetter sogar bis zu den Vogesen.

Über die Donauquelle zum Stöcklewaldturm

Unser leicht geschotterter Weg führt uns nun vorbei am Günterfelsen um das Rosseck herum wunderbar schattig durch den Wald bis zur Martinskapelle, nahe dem Kolmenhof. Ein kurzer Abstecher zur nahe gelegenen Donauquelle ist bei dieser Tour einfach Pflicht.

Wir passieren den Wanderparkplatz nahe der Kapelle, halten uns auf der Farnwaldstraße links bis zur Kreuzung an der Skihütte, nehmen den Abzweig rechts und an der folgenden Kreuzung verbleiben wir bergabwärts auf dem Weg geradeaus. Am Hang des Rohrhardsbergs geht es immer weiter bergab ins Farnbergtal. Kurz bevor der Weg auf die Elz trifft, halten wir uns rechts, erreichen nahe dem Furtwänglehof die K 5730, folgen ihr links für 300 Meter bergauf, bevor wir am Waldrand rechts auf den Schotterweg zum Stöcklewaldturm einbiegen.

Wir passieren die Rehaklinik Katharinenhöfe und erreichen nach kurzer Fahrt am Escheck die B 500. Diese überqueren wir und ziehen nun durch Wald und über Stock und Stein in großen Bögen auf den Stöcklewaldturm mit seiner Wanderhütte zu.

Zurück nach Furtwangen

Von dort aus folgen wir dem Weg bergab zur K 5728, in die wir rechts einbiegen. Vorbei am Triberger Galgen und dem Gasthaus Fuchsfalle überqueren wir die L 175, steigen leicht an und nehmen dann rechts den Abzweig Am Totenhund.

Stetig bergab lassen wir das Freizeitheim Schlempen rechts liegen und folgen der schmalen Straße weiter bis Langenbach, wo wir rechts über das Kälbergässle Vöhrenbach erreichen. In der Ortsmitte überqueren wir die Hauptstraße, fahren kurz rechts, dann gleich wieder links über die Breg und sofort wieder rechts, passieren Schwimmbad und Wohnmobilstellplatz.

Nun folgen wir dem gewalzten Bregtal-Radweg vorbei an Schönenbach bis zum Robert-Gerwig-Schulzentrum. Hier erreichen wir wieder die Martin-Schmitt-Straße, der wir nun leicht bergauf etwa 500 Meter bis zu unserem Ausgangspunkt Parkplatz folgen.

Genusstipp

In der **Löwen Patisserie** Schönwald treffen traditioneller Schwarzwald und moderne französische Patisserie aufeinander. Dort zaubert seit 2021 das Konditormeisterpaar Lena und Dominik Kaltenbach neben der berühmten Schwarzwälder Kirschtorte französisch inspirierte Macarons, Eclairs und leckerste Törtchen aus ausschließlich ausgewählten und hochwertigen Rohstoffen.

■ *www.loewen patisserie.com*

Schlemmertipp

Gasthaus Goldener Rabe

Genuss hat nicht automatisch mit Sterneküche zu tun. Manchmal ganz im Gegenteil. Genuss für alle Sinne hat nicht nur für unseren Autor mit Nostalgie und der »guten alten Zeit« zu tun. Das Gasthaus (und Hotel) Goldener Rabe hoch über Furtwangen ist solch ein Hort der Nostalgie, in dem auf angenehme Weise die Zeit stehen geblieben ist. Ankommen und runterkommen sind hier eins, die Langsamkeit des Seins dominiert, Behaglichkeit und Herzlichkeit geben sich in diesem Haus die Hand. Wer's gerne urig mag und mit ordentlicher badischer Bauernvesper gut leben kann, wird sich in dem Haus, dessen Wurzeln bis 1746 zurückreichen, rundum wohlfühlen.

■ *Rabenstraße 7, 78120 Furtwangen, Tel. 07723/73 97, www.goldener-rabe.de*

Kuschelig, knuffig und herrlich altmodisch: Gasthaus Goldener Rabe

mittel | 49 km | 560 Hm | 2,5 Std.

Auf einen Blick

Tourencharakter

Wir fahren am Anfang und am Ende der Tour auf Asphalt, dazwischen auf gut befahrbaren Wald-, Wander- und Radwegen.

Ausgangs-/Endpunkt

Furtwangen, Gratisparkplatz an der Martin-Schmitt-Straße
GPS 48.04928, 8.20933

Anfahrt

Per Bahn: Vom Intercity-Bahnhof Freiburg mit der Breisgau-S-Bahn Richtung Elzach, Ausstieg Bleibach Bahnhof, Anschlussbus Buslinie SBG 7272 Bleibach-Furtwangen. Vom Bahnhof Villingen mit dem Regionalbus 61 Villingen-Furtwangen. Vom Bahnhof Triberg mit der Buslinie SBG 7270 Triberg–Furtwangen
Per Pkw: Über die A 5 aus Frankfurt oder Basel, Ausfahrt Offenburg, weiter über die B 33 Hausach, Triberg nach Furtwangen. Über die A 81 aus Richtung Stuttgart, Ausfahrt Villingen-Schwenningen über VS-Villingen, Vöhrenbach nach Furtwangen oder aus Richtung Singen, Ausfahrt Autobahndreieck Bad Dürrheim über Donaueschingen, Wolterdingen, Vöhrenbach nach Furtwangen

ANSTIEG IN DIE BERGWELT DES KANDELS

12

Auf den Blocksberg des Schwarzwalds

Ein mächtiger Bergrücken ist das Ziel dieser anspruchsvollen Tour: Der 1241 Meter hohe Kandel ist nicht nur der Hausberg der Stadt Waldkirch und höchster Berg des Mittleren Schwarzwalds, sondern gilt Naturfreunden als ein echter Berg der Kräfte.

Der Kandel ist nicht nur ein mächtiger Bergrücken und Wahrzeichen für die Region, sondern auch ein sagen- und mythenumwittertes Gipfelmassiv, um das sich Geheimnisse ranken. So spricht man im Elztal seit 1981, als in der Walpurgisnacht die sogenannte Teufelskanzel, der obere Teil des Kandelfelsens, abbrach, auch verschwörerisch vom »Blocksberg des Schwarzwalds«.

Zwar ist der Kandel von Waldkirch oder dem Glottertal aus auch auf schmalen Teerstraßen zu erreichen, was aber – speziell an Wochenenden – durch zahlreiche Auto- und Motorradfahrer keine Freude bereitet. Wir steigen deshalb aus dem relativ ruhigen Simonswälder Tal über eine mächtige Bergflanke an und nach der ausgiebigen Gipfelrast auf dem alten Kandelweg durch den Wald Richtung Waldkirch wieder ab.

Das Gipfelplateau des Bergmassivs ermöglicht bei entsprechender Witterung einzigartige Weitblicke über das Elsass bis zur Bergkette der Vogesen sowie bei einer 180-Grad-Drehung über St. Märgen weit in den Südschwarzwald hinein. Auch ist der Kandel nicht nur ein beliebtes Drehkreuz verschiedenster Rad- und Wanderwege, sondern er lockt ob seiner besonderen Thermik zahlreiche Drachen- und Gleitschirmflieger an, denen ein gesonderter Bereich mit Startrampe vorbehalten ist.

Waldkirch zu Füßen des mächtigen Kandelrückens

Weiter Blick vom Kandelfelsen über das Land

Geheimtipp

Ein »Naturdenkmal« der besonderen Art stellt der Plattensee, ein Stausee oberhalb der Zweribach-Wasserfälle, dar. Der See wurde 1924 auf Initiative der Gutacher Nähseidefabrik Gütermann angelegt, um deren Maschinen anzutreiben und die Produktionsmenge zu erhöhen. Aktuell liegt der See trocken, da die wasserrechtliche Genehmigung für die Wiederinbetriebnahme noch nicht erteilt wurde.

Biker-Rast an der Kandelpyramide – am Horizont die Vogesen

An der historischen Ölmühle Simonswald

Eine schöne Herausforderung für die E-Biker, die sich für diese Tour entscheiden, stellt sich nach der Abfahrt vom Kandelmassiv ins Tal. Denn vom Waldkircher Ortsteil Siensbach aus führt der Rückweg nach Simonswald über einen erneuten kräftigen Anstieg auf den Elmlesberg, der dann aber mit einer toller Waldabfahrt belohnt wird.

Unser Wegverlauf

Zunächst starten wir vom Parkplatz aus steigungsfrei, indem wir der Ortsdurchgangsstraße nach rechts folgen. Bereits nach wenigen Hundert Metern findet sich rechter Hand, leicht von der Straße versetzt, die historische Ölmühle, die – kaum gestartet – nach einem Fotostopp ruft. Weiter radeln wir in Richtung Obersimonswald, biegen bei der Bushaltestelle Ibendörfli rechts in den Hornweg, überqueren die Wilde Gutach und radeln rechts auf dem Feldweg am Fluss entlang, überqueren nach dem Sportplatz erneut das Fließgewässer und treffen beim Stegenhof wieder auf die Obertalstraße.

Sägplatz Simonswald: Start- und Schlusspunkt der Tour

Tipp

Eingerahmt von der Wilden Gutach und dem Mühlenkanal, steht die Ölmühle Simonswald aus dem 18. Jahrhundert wie auf einer Insel. Wie vor 300 Jahren wird auch heute in der Ölmühle kostbares Walnussöl gepresst.

Hinauf zum Kandel

Der folgen wir nun rechts bis zur Bushaltestelle Mattenhof, an der wir rechts in die gleichnamige Straße einbiegen. Von hier an beginnt der Aufstieg zum Kandel, der unseren Akku zum Surren bringt. Vor dem ersten Hof halten wir uns halb rechts durch Wiesen den Hang hoch bis zur Kreuzung am Waldrand und fahren dort geradewegs in den Wald ein.

Als Unterer Hofbauernweg schraubt sich nun die Route durch den Wald schräg am Hang entlang. An der ersten Kreuzung nehmen wir in der Spitzkehre den linken Zweig, der als Oberer Hofbauernweg weiter nach oben strebt. Wir erreichen auf ihm den Weg- und Aussichtspunkt Seebachhebel und fahren kurz darauf scharf rechts den Seeweg hinauf, bis wir am Wegpunkt Am Karsee scharf links über den Plattenweg zur Platte Langeckerhof ansteigen.

Dort halten wir uns rechts auf einem schmalen Asphaltsträßchen, vorbei am Langeckerhof, am Hogenhof bis zum Plattenhof. Kurz davor passieren wir die Staumauer und die Senke des trockengelegten Plattensees. Direkt nach dem Plattenhof ziehen wir nach rechts und nehmen den zweiten Abzweig links, der als Plattenwaldweg in den Forst zieht.

Über den Wegpunkt Militärschlag erreichen wir auf dem Liniengrenzweg durch den Wald die L 186 (Glottertal-Kandel) beim Parkplatz Auf der Linie. Es folgt ein kurzes, steiles Stück auf Asphalt – dann haben wir den Kandel-Höhenrücken mit dem Parkplatz und dem neuen Rasthaus erreicht. Wer möchte, kann hier noch einen kurzen Abstecher auf dem schmalen Wanderweg hinauf zur Kandelpyramide einbauen, auf dem gleichen Weg geht es zurück aufs Plateau.

Genusstipp

Dass auch heute wieder in der historischen **Ölmühle** kostbares Walnussöl gepresst wird, machen die Mitglieder des Brauchtumsvereins Simonswald möglich, die von Mitte Oktober bis in den März zweimal wöchentlich in der Mühle in aufwendiger Handarbeit die gesammelten Walnüsse knacken und von Hand verlesen. Aus diesen wird dann das wertvolle goldgelbe Öl gepresst. Das Öl ist vor Ort erhältlich.

Auf der Alten Kandelstraße bergab

Es folgt die spannende Abfahrt durch dichte Bewaldung auf der alten Kandelstraße hinab in Richtung Waldkirch. Zunächst folgen wir ein kurzes Stück der L186 bergab, bis wir den Asphalt in der Spitzkehre nach links auf den Waldweg verlassen.

Nach kurzer Fahrt erreichen wir an einer sternförmigen Kreuzung die Langeckhütte und halten uns von dort rechts auf die Alte Kandelstraße. Der folgen wir in rasanter Abwärtsfahrt in Serpentinen durch den Wald, bis wir nach einer scharfen Rechtskurve wieder auf die L186 stoßen. Beim nahe gelegenen Wirtshaus Altersbach queren wir die Straße, steigen nach dem Gasthaus ein kurzes Stück auf dem Waldweg an und biegen links auf den Kapfweg ein.

Zurück nach Simonswald

Der führt in lockerem Auf und Ab am Waldrand entlang, bis wir am Hochandresenhof links abbiegend die Straße Dobel erreichen. Diese führt uns bergab auf die Talbachstraße, hinein nach Siensbach, wo wir die Abzweigung rechts nach Gutach-Bleibach nehmen. An der Kreuzung am Friedhof halten wir uns rechts und steigen auf der Straße Riedern an diversen Gehöften vorbei steil zum Waldrand hinauf. Nach dem Nopperhof biegen wir links auf dem Boeschweg ein, der in diversen Serpentinen durch den Wald auf den Elmlesberg hochzieht und uns noch ein paar Körner abverlangt. Ab den Kellermatten geht es wieder abwärts und beim Wegpunkt Ettersbach erreichen wir die gleichnamige Straße, der wir nach links zwischen den Häusern hindurch hinunter bis zur Simonswalder Bärenbrücke folgen. Auf ihr überqueren wir wieder rechts die Gutach und erreichen nach 200 Metern linker Hand den Ausgangspunkt Sägplatz.

Schlemmertipp

Restaurant Hugenhof
Wieder eine Empfehlung ausgesprochen freundlicher und köstlicher badischer Gastlichkeit. Das Gastronomenpaar Petra Ringwald und Klaus Ditz bietet in seinem Landhaus Hugenhof ausschließlich wechselnde Vier-Gänge-Menüs (mit und ohne Weinbegleitung) in einem franko-mediterran-badischen Küchenmix an. Klaus Ditz, ein Freund pittoresker Beinkleider, erläutert den Gästen die einzelnen Gänge am Tisch persönlich. Das profunde Weinwissen von Petra Ringwald rundet die Leckerbissen auf dem Teller auf Wunsch mit perfekt harmonierenden Weinen ab. Da die Sitzplatzkapazität im Hugenhof begrenzt ist, empfiehlt sich unbedingt eine vorherige Reservierung.

■ *Am Neuenberg 14, 79263 Simonswald, Tel. 07683/93 00 66, www.hugenhof.de*

Raffiniert und lecker: badische Küche im Hugenhof

Am Kandelfuß: Blick zurück ins Altersbachtal

schwer | 50 km | 1150 m | 3 Std.

Auf einen Blick

Tourencharakter

Wir fahren am Anfang und am Ende der Tour auf Asphalt, dazwischen auf gut befahrbaren Wald- und Wanderwegen.

Ausgangs-/Endpunkt

Simonswald, Ortsmitte, Sägplatz. Parkplätze gratis GPS 48.09995, 8.05509

Anfahrt

Per Bahn: Von Waldkirch und Elzach kommend mit der Breisgau-S-Bahn bis Gutach-Bleibach. Danach weiter mit der Buslinie 7272 bis zur Haltestelle Simonswald-Rathaus. Von Furtwangen, Gütenbach kommend mit der Buslinie 7272 bis zur Haltestelle Simonswald-Rathaus
Per Pkw: Von Freiburg kommend über die B 294 bis Ausfahrt Gutach, Simonswald. Danach rechts in Richtung Simonswald abbiegen. Nach ca. 5 km befindet sich auf der rechten Seite der Sägplatz. Von Furtwangen kommend über die L 173 bis Simonswald-Ortsmitte. Der Sägplatz befindet sich auf der linken Seite.

Der Südschwarzwald mit dem Markgräflerland ist ein enorm abwechslungsreiches Fahrradrevier. Und Abstecher in die vorgelagerte Genussregion Kaiserstuhl haben ihren besonderen Reiz.

Unterwegs im Süd-schwarzwald

Vulkangipfel und Märchenwald

13

Totenkopf und Liliental

Eine – rein in Kilometern gerechnet – verhältnismäßig kurze Tour, die es aber in sich hat. Weinberge und Wald in schöner Abwechslung und in ständigem Auf und Ab mit zahlreichen Fernsichtstopps, mal in den Schwarzwald, mal in die Vogesen.

Der dem Schwarzwald vorgelagerte Kaiserstuhl ist ein in vielerlei Hinsicht ganz besonderes E-Bike-Areal. Zum einen bietet diese besonders warme Gegend Deutschlands vom Beginn des Frühjahrs Anfang März bis spät in den Herbst hinein meist wunderbares Radelwetter. Zum anderen locken abwechselnd Weinberge und Waldgebiete mit gut ausgebauten Wegen zum ausführlichen Erkunden dieser Genussregion.

Dank der klimatischen Verhältnisse (burgundische Pforte mit milden mediterranen Luftströmungen) und des besonderen Terroirs – am westlichen Kaiserstuhl dominieren schwere und mineralstoffhaltige Vulkanverwitterungsböden und auf der östlichen Seite finden sich verstärkt Löss- und Lehmböden – finden hier Reben derart günstige Wuchsbedingungen, dass hier einige von Deutschlands besten Burgunderweinen entstehen.

Die milden Temperaturen haben auch Habitate für eher seltene Flora und Fauna geschaffen, sodass man mit etwas Glück und Geduld auf einer Kaiserstuhltour etwa wilde Schwertlilien oder Traubenhyazinthen und bis zu 30 verschiedene Orchideenarten

Geheimtipp

Griechische Tannen, Lotuspflaumen, Tulpenbäume, amerikanische Parkbäume geben im Forstlichen Arboretum Liliental einen lebendigen Eindruck von der Vielfalt der Baumwelt. Das Areal ist durchzogen von einem kilometerlangen Netz an Wander- und Radwegen. Ahorne, Linden, Birken und Eichen sind da zu sehen, auch ein großes Areal mit Mammutbäumen präsentiert sich den Besuchern.

Kaiserstuhlgipfel Totenkopf mit Fernmeldeturm

Weinsichtpunkt oberhalb von Oberbergen

Radelerlebnis im Naturgarten Kaiserstuhl

Mammutbaum-Wald im Arboretum Liliental

Spannend: Lößhohlweg inmitten des Lilientalareals

Fein Geräuchertes von Metzger Markus Dirr

Wander- und Radpfad durch das Birkenwäldchen

Marktplatz Endingen: Platzhirsch Metzgerei Dirr

finden sowie Smaragdeidechsen, Bienenfresser, Gottesanbeterinnen oder Wiedehopfe beobachten kann.

Die zahlreichen kleinen Weingemeinden, die sich in der Gegend finden, bieten ein umfangreiches und vielfältiges gastronomisches Angebot, von der »einfachen« Besenwirtschaft bis hin zum Sternerestaurant. Und hervorragende Weine werden sowohl von den zahlreichen Winzergenossenschaften als auch von vielen ausgezeichneten Weingütern in Direktvermarktung das gesamte Jahr über angeboten.

Für uns geht es durch die Ihringer Weinlagen und den Buchenwald hinauf zum Totenkopf, hinab nach Oberbergen, über den Badbergpfad hinauf zum Vogelsangpass, durch die romantischsten Bereiche des Arboretums zum Gasthaus Lilie und über einen verträumten Waldpfad zurück nach Wasenweiler.

Badisches Schäufele in der »Lilie«

Unser Wegverlauf

Vom Parkplatz beim Sportgelände am Ortsrand radeln wir nordwärts auf den Ort zu und erreichen über die Neunkircherstraße, den Allmendweg und den St.-Vitus-Weg beim letzten Haus einen Pfad, den wir rechts zur Hauptstraße nehmen. Diese queren wir und steigen direkt beim letzten Haus ziemlich kräftig rechts über einen Wiesenpfad in die Weinberge hoch.

Genusstipp

Der Spitzenkoch **Markus Dirr** übernahm in Endingen die elterliche Metzgerei und fertigt heute mit selbst kreierten Würzmischungen und einem nach seinen Vorstellungen erbauten Räucherofen Schinken, Salami und Wurstwaren, die ihresgleichen suchen. Verarbeitet wird ausschließlich Fleisch alter Rassen, deren Produzenten sämtlich dem Metzger persönlich bekannt sind.

■ *www.metzgerei-dirr.de*

Durch Rebgärten bergan

Der Akku lässt den E-Motor schnurren, während wir diese erste Herausforderung in Höhenmetern bewältigen. Der Pfad trifft auf einen Feldweg, dem wir nach rechts bis zum Wegzeichen Lindenplatz folgen. Dort zunächst geradeaus, bis wir dem ersten Abzweig halb rechts in die Reben folgen. Wir ziehen unterhalb des Böselsbergs nach Osten, schrauben

Top befahrbar: Höhenweg über den Weinterrassen

Sommererfrischung verspricht der Lilienbrunnen.

uns dabei Stück für Stück höher hinauf.

An der folgenden T-Kreuzung halten wir uns links leicht bergauf Richtung Kastanienplatz und fahren auf einem rustikalen Pfad in den Wald des Gagenhart ein. Wieder erreichen wir eine T-Kreuzung, wo wir links durch den Wald bergab rollen und nach kurzer Fahrt die geteerte Straße beim Schützenheim Bötzingen erreichen.

Der folgen wir einige Meter geradeaus bergab, um in der ersten Kurve ganz scharf links den Weinbergweg hinaufzunehmen. Wir folgen den Wegweisern Panoramastein/Hohrainbuckhütte, die wir nach kurzem Anstieg erreichen. Hier bie-

Vogtsburg mit Weinterrassen unter dem Totenkopf

Mächtiger Mammutstamm als Fahrradständer

ten sich eine kurze Rast und ein langer Blick über die Rheinebene hinüber zu den Schwarzwaldbergen an.

Hinauf zum Totenkopf

Nach der Rast ziehen wir moderat ansteigend durch den Wald bergauf über die Hasenbeinmatte zum Panorama Vogelsang und biegen dort links in den Finsterdobelweg ein. Der führt uns durch den dichten Buchenwald in großen Hangschwüngen bis zum Honigbuck. Dort geht es linker Hand weiter bis zum Wegzeichen Dreieckiger Bannstein.

Wer möchte, kann hier einem anspruchsvollen Trail hinauf zum Totenkopf-Gipfel folgen. Durch die dichte Bewaldung rund um den Fernmeldeturm dort oben ist allerdings die Fernsicht gleich null. Ganz anders auf unserem Weg abwärts durch die Rebterrassen des Oberbergener Scheibenbuck, wo sich in der ersten großen Rechtskurve ein wunderbarer Blick Richtung Vogesen öffnet.

Über Oberbergen zum Vogelsangpass

Wir folgen dem Weg abwärts bis in den bekannten Weinort Oberbergen und erreichen dort beim Friedhof die Hauptstraße, der wir rechts folgen. Vorbei an Fritz Kellers Hotel-Restaurant Schwarzer Adler biegen wir nach einer Rechtskurve in Höhe des architektonisch herausragenden Weinguts Franz Keller kurz links in die

Speckseiten, raffiniert gewürzt im Reifekeller

Heinrich-Kling-Straße ab, um nach 50 Metern beim Parkplatz Mondhalde sofort rechts in den Badbergpfad einzubiegen. Der führt uns als zunächst schmaler Pfad, später breiterer Weg nach Altvogtsburg hinein. Wir passieren die wenigen Häuser, queren am Ortsende die L 115 und ziehen auf dem Weg rechts von der Landstraße mit ordentlich Akku-Unterstützung hinauf zum Vogelsangpass und von dort rechts weiter hinauf zum Panorama Vogelsang.

Zum Arboretum und zurück nach Wasenweiler

Von hier geht es auf bereits bekanntem Weg zurück zur Hasenbeinmatte, wo wir uns diesmal aber rechts auf dem Hundskehlenweg leicht bergab treiben lassen. Jetzt heißt es, aufmerksam zu sein, um den linker Hand abgehenden romantischen Hohlweg nicht zu verpassen. Durch den erreichen wir nach holpriger Fahrt abwärts zunächst den Mammutwald, dann die Birkensammlung und nach einer Rechts-links-Kehre schließlich das Gasthaus Zur Lilie.

Ein ausgesprochen guter Platz für eine Rast und eine Reflexion zum Thema Arboretum mit seinem wunderbaren Baumbestand. Von der Lilie aus halten wir uns zunächst auf dem Waldweg links bis zum Unteren Mühlentalweiher, wo wir rechts auf einen romantischen Waldpfad abknicken, der uns durch dichte Bewaldung hinab zum Schützenhaus Ihringen führt.

Dort treffen wir auf die asphaltierte Lilientalstraße, erreichen nach kurzer Fahrt die Landstraße, die wir queren, um kurz darauf links in den Radweg nach Wasenweiler abzubiegen. Über den erreichen wir am Ortsrand wieder den St.-Vitus-Weg und kehren über die vom Hinweg bekannte Trasse zum Parkplatz zurück.

Schlemmertipp

Gasthaus Zur Lilie

Im sogenannten kleinen Schlösschen der ehemaligen Hofanlage des Hofguts Liliental ist heute das Gasthaus Lilie untergebracht. In exponierter und malerischer Lage gleich am Eingang des Arboretums mit seinen zahlreichen Wander- und Radwegen wird Nachhaltigkeit großgeschrieben und mit großer Leidenschaft regionale Frischeküche aus Bioprodukten serviert. Großer, schattiger Außenbereich und überaus freundlicher Service.

■ *Lilienhof 5, 79241 Ihringen, Tel. 07668/995 63 93, www.lilie-liliental.de*

Gastrooase Zur Lilie am Eingang des Arboretums

mittel | 24 km | 760 Hm | 1,75 Std.

Auf einen Blick

Tourencharakter

Wir fahren kurze Strecken innerorts auf Asphalt, sonst auf Wiesenpfaden, Waldwegen, geschotterten und gewalzten Weinbergwegen, gegen Schluss der Tour auf einem Trail.

Ausgangs-/Endpunkt

Wasenweiler, Gratisparkplatz an der Merdingerstraße (nahe dem Sportplatz)
GPS 48.04839, 7.68543

Anfahrt

Per Bahn: Die Rheintalbahn mit ICE-Halt in Freiburg ist eine der wichtigsten europäischen Nord-Süd-Verbindungen. Ab Freiburg Hauptbahnhof fährt die Breisgau-S-Bahn im Stundentakt nach Breisach und hält am Bahnhof Ihringen-Wasenweiler.

Per Pkw: Über die A 5 Karlsruhe–Basel, Ausfahrt Freiburg-Mitte, weiter über die B 31a Richtung Umkirch bis nach Gottenheim. Dort links auf die K 4995 bis nach Wasenweiler

ZUM ZWEITHÖCHSTEN SCHWARZWALDGIPFEL

14

Von Bernau aufs Herzogenhorn

Im Gegensatz zum höchsten Schwarzwaldgipfel Feldberg (1493 m), der per pedes und per Bike verhältnismäßig einfach zu erobern ist, stellt der Gipfel des Herzogenhorns (1415 m) für E-Biker schon eine andere Herausforderung dar.

Für Radler ist die Gemeinde Bernau mit den vielen umliegenden Gipfeln ein ideales, wenngleich herausforderndes Tourengebiet, für uns Genussradler sind die ordentlichen Höhenmeter, die es rund um den Ort zu bewältigen gibt, vor allem mit dem E-Bike – zumal mit dem E-MTB – ein ziemliches Vergnügen.

Überhaupt: Denkt man über die Top-10-Highlights des gesamten Schwarzwalds nach, dann gehören das Bernauer Hochtal und die umgebenden Gipfel Spießhorn, Herzogenhorn und Blößling unbedingt dazu. Still, weit und ursprünglich ist es hier, der touristische Rummel, der zum Beispiel am Titisee tobt, ist hier weit außen vor. Eins mit der Schwarzwaldnatur werden, rund um Bernau gelingt das spielend.

Zur Gemeinde auf rund 900 Metern Höhe gehören zehn einzelne kleine Siedlungen und Weiler. Die verteilen sich wie hingewürfelt in dem Hochtal. Natürlich ist der Hausberg Herzogenhorn das Sehnsuchtsziel für alle »Landschaftssüchtigen«, bietet sich doch bei entsprechendem Wetter ein begeisternder Panoramablick nördlich und westlich zu weiteren Schwarzwaldriesen wie Feldberg und Belchen, zu den Vogesen sowie weiter südlich bis zur Zugspitze und mit etwas Wetterglück zum Montblanc.

Die hier vorgeschlagene Tour packt neben dem Herzogenhorn im ersten Drittel auch noch den Blößling in die Runde. Der 1309 Meter hohe Bergrücken, bewachsen

Die Tiere vom Ziegenhof sind als Landschaftspfleger unterwegs.

Schöner Blick während des Anstiegs aufs Bernauer Hochtal

Geheimtipp

Das Holzschneflermuseum Resenhof, in einem Eindachhof von 1789, ist dem Thema »Arbeiten mit Holz« (Schnefeln) in original erhaltenen Werkstätten gewidmet. Um 1850 gab es allein in Bernau über 200 Schnefler, darunter 120 Kübler, 30 Schachtelmacher, 12 Löffelmacher und 5 Drechsler. Das Museum gewährt regelmäßig Einblicke in das alte Handwerk.

■ *www.bernau-schwarzwald.de*

Das Streudorf Bernau dominiert das schöne Hochtal.

Total neugierig: Menzenschwander Ziege

von wildem Buschwerk und einem dichten Heidelbeerstrauchteppich, gilt im Südschwarzwald als der »stillste Gipfel« im Bernauer Hochtal. Wir passieren ihn nach knackigem Aufstieg im zweiten Drittel der Runde – und er ist unbedingt ebenfalls einen aussichtsreichen Stopp wert.

Unser Wegverlauf

Wir starten vom Gratisparkplatz am Kurhaus Bernau im Ortsteil Innerlehen aus, radeln ortsauswärts auf der Rathausstraße an den wenigen Häusern vorbei. Nach einer Senke und einer folgenden Steigung queren wir die L 149, fahren nach Bernau-Dorf hinein, nehmen den ersten Abzweig rechts, um nach einer Zickzacksteigung auf den asphaltierten Krunkelbachweg zu stoßen.

Der führt uns nun mit etlichen Kurven teils durch den Wald, teils am Waldrand entlang aussichtsreich den Hang hinauf, bis wir nach ca. 6,7 Kilometern erst den Wanderparkplatz und einen kurzen Stich höher die Krunkelbachhütte erreichen.

Wegpunkt Roter Felsen über dem Präger Gletscherkessel

Hof-Eck-Hütte unterhalb des Herzogenhorns

Hinauf zum Herzogenhorn

Einmal kurz ausatmen und den Blick hinüber zum charakteristischen Herzogenhorn-Gipfel richten. Ein Schotterweg führt uns hinab auf den Sattel, wo sich verschiedene Wander- und Radrouten kreuzen. Wir nehmen den geschotterten Weg links, erst kurz hinab zum Wegpunkt Roßrücken, sogleich aber in einer scharfen Rechtskurve steinig bergauf, bis wir die zaungesicherte Hochweide am Fuß des Gipfelmassivs erreichen.

Von hier aus führt ein steiniger, vom Wetter ausgewaschener Pfad auf den Gipfel. Die ganz Hartgesottenen und Megasportlichen unter den Bikern mögen das bewältigen – im Rahmen einer Genusstour empfehle ich aber, das E-Bike gesichert hier stehenzulassen und die letzten Meter hinauf zu Fuß zu machen. Die Aussicht vom Gipfelkreuz ist nach allen Seiten hin schlicht überwältigend schön!

Zurück am Sattel nehmen wir den holperigen Weg am Hang entlang, passieren das »Molerhüsli« des Schwarzwaldmalers Karl Hauptmann und biegen an der kommenden Kreuzung links in den Glockführeweg ein. Dieser geht nahtlos in den Schwarzbrunnenweg über, der uns munter durch den Bergwald abwärts bis zur Hof-Eck-Hütte führt.

Weiter zum Blößling

Ein kurzes Stück weiter abwärts halten wir uns rechts auf den Ecklenwaldweg, bis wir nach leichtem Auf und Ab eine T-Kreuzung erreichen und rechts in den Roterfelsenweg abbiegen. Der führt uns leicht und locker bis zum Aussichtspunkt Roter Felsen, der den fantastischen Blick ins Präger Tal und den Präger Gletscherkessel freigibt.

Der Pfad wird schmaler und trailartig und führt uns bergab bis zur Kreuzung mit der L149 Auf der Wacht. Exakt gegenüber steigen wir nun mit kräftiger Akku-Unterstützung in scharfen Serpentinenkurven den Blößlingweg weit empor. Am ersten Sattel erreichen wir den Blößlinghaldenweg, dem wir bis zum Wegpunkt Blößlinggipfelweg folgen.

Wer genug Zeit im Gepäck hat, nimmt die Route rechts hinauf zum Blößlingsattel – und von dort zu Fuß auf dem Pfad bis zum Gipfel. Der Rundumblick ist herrlich.

Genusstipp

Ziegen verhindern in den Hochtälern des Schwarzwalds die Verbuschung. Die Ziegen in Menzenschwand (Ziegenpfad) sind dabei Feinschmecker und suchen sich die besten Gräser, Weidekräuter, Busch- und Laubwerk aus. Das Ziegenfleisch aus dem Hofladen des **Ziegenhofs Menzenschwand** ist fest, gesund und äußerst schmackhaft. Die Wurstwaren sind mit erlesenen Kräutern gewürzt.

■ *www.ziegenhof-menzenschwand.de*

Im Auf und Ab zurück nach Bernau

Wir rollen über den Flüssenweg bergab durch den Wald, bis wir an der Kreuzung die Prägereck-Hütte erreichen. 200 Meter weiter geradeaus nehmen wir an der Wegkreuzung den Prägereckweg, der uns durch den Baumbestand wieder kurz knackig aufwärtslenkt.

Es folgt eine rustikale Abfahrt auf dem ausgewaschenen Waldweg, der in den Hohzinkenweg mündet, welcher uns hinab bis zur Kreuzung mit dem Neuwirthweg führt. Diesem folgen wir rechts bis zum Knick mit dem Stöckerwaldweg, der uns wiederum weiter bergab zur gleichnamigen Hütte bringt.

Hier halten wir uns rechts, queren den breiten Waldweg und stoßen hinab zur L146. Wir folgen der Landstraße links bis zur Abzweigung Bernauer Loipenhaus, welches wir passieren, um nach Überquerung des Rönischbächles links auf den Rad- und Wanderweg einzubiegen.

In einem großzügigen Bogen geht es Richtung Bernau-Oberlehen; ohne abzuzweigen, verbleiben wir auf der Strecke, die kurz steil hinab in den Ort führt, überqueren den Bach ein zweites Mal und steigen zur Verbindungsstraße nach Innerlehen an.

Dieser folgen wir nun auf Asphalt, klettern in den Ort hinauf und halten uns vor dem Ortsende links nach der Beschilderung Kurhaus zurück zum Parkplatz.

Giganten: Blick vom Herzogenhorn (1415 m) zum Feldberg (1494 m)

schwer | 29 km | 900 Hm | 2 Std.

Auf einen Blick

Tourencharakter

Wir fahren am Anfang und am Ende der Tour auf Asphalt, dazwischen auf gut befahrbaren Wald-, Wander- und Radwegen.

Ausgangs-/Endpunkt

Kurhaus Bernau, Am Kurpark 5, 79872 Bernau, OT Innerlehen
GPS 47.80079, 8.03392

Anfahrt

Per Bahn und Bus: Mit dem Zug von Freiburg über Hinterzarten, Titisee, Aha, Schluchsee bis nach Seebrugg. Ab Freiburg Hbf. fährt die Höllentalbahn, ab Titisee die Dreiseenbahn bis Endstation Seebrugg. Von hier mit Bus über St. Blasien Busbahnhof nach Bernau. Der Bahnhof ist ca. 20 km von Bernau entfernt.
Per Pkw: Über die A 5 Karlsruhe–Basel, Ausfahrt Freiburg-Mitte. Auf der L 126 über Oberried–Notschrei–Todtnau, auf der B 317 bis zur Abzweigung Geschwend. Weiter auf der L 149 über Präg nach Bernau. Über die A 81 Stuttgart–Singen, Ausfahrt Donaueschingen. Weiter auf der B 31 über Löffingen nach Titisee. Von dort über die B 500 nach Bärental–Schluchsee/Aha–Menzenschwand nach Bernau

Schlemmertipp

Schwarzwaldhaus Bernau

Schönes, nahe dem Kurpark gelegenes Hotel-Restaurant und Naturparkwirt. Durch die Verwendung regionaler Produkte verweist man hier nicht nur auf die kulinarischen Besonderheiten der Region, sondern unterstützt gleichzeitig die landwirtschaftlichen Betriebe im Südschwarzwald. Die Naturpark-Wirte bieten das ganze Jahr hindurch mindestens sechs regionale Gerichte und ein regionales Menü an. »Regional« bedeutet, dass die Hauptzutaten dafür aus dem Naturpark stammen. Gemütliche Gaststube und kleiner Biergarten vor dem Haus.

- *Am Kurpark 26, 79872 Bernau, Tel. 07675/365, www.schwarzwaldhaus-bernau.de*

Weitsicht über den Hotzenwald

15

Ibacher Panoramarunde

Der Hotzenwald im Süden des Mittelgebirges ist nach wie vor touristisches Entwicklungsland. Diese Route bietet auf der gesamten Strecke immer wieder fantastische Aussichten auf die Alpen, das Ibacher Hochtal und zum Feldberggebiet.

Der Hotzenwald genannte südlichste Teil des Schwarzwalds, zwischen der Linie Höchenschwand-Todtmoos im Norden, der Wehra im Westen, der Schwarza im Osten und dem Rhein im Süden, ist nach wie vor eine echte Entdeckung. Verkehrstechnisch spät erschlossen trägt die Region, die sich in etwa mit der alten Grafschaft Hauenstein aus den Zeiten der Habsburger Herrschaft deckt, noch den Reiz des urtümlichen Schwarzwalds mit jeder Menge vielversprechender Wege, Trails und Pfade in sich.

Für Wanderer wie für E-Biker ein Traumrevier, da definitiv nicht überlaufen und eine echte Entdeckung wert. Ähnlich dem entzückenden Hochtal um Bernau weiß auch das Ibacher Hochtal seine Besucher zu verzaubern. Insbesondere vom Ibacher Friedenskreuz aus ist der Blick (bei passendem Wetter) schlicht und einfach atemberaubend.

Geheimtipp

Der Gebäudekomplex der ehemaligen Benediktinerabtei St. Blasien mit der beeindruckenden Kuppelkirche ist schon von Weitem zu erkennen. Der wuchtige Bau im frühklassizistischen Stil trägt eine Kuppel (ähnlich dem Petersdom in Rom oder St. Paul in London) mit stolzen 36 Metern Durchmesser und einer Gesamthöhe von 62 Metern und ist damit der größte Kuppelbau nördlich der Alpen.

Obwohl wir einen großen Teil der vorgeschlagenen Strecke auf Asphalt fahren – und damit die Runde mit dem Trekking-E-Bike, dem Gravel-E-Bike, ja sogar dem City-E-Bike in Angriff genommen werden kann –, hält sich der Autoverkehr auf den Sträßchen ob der Abgeschiedenheit absolut in Grenzen. Zwei, drei eher ruppige Trailpassagen sind auch eingestreut, für die aber das E-Mountainbike kein Muss ist. Bei Badewetter laden zwei Weiher direkt an der Strecke zu einer Rast mit Schwimmpause ein, und ein Stopp in St. Blasien kann zum kulturellen Sightseeing genutzt werden.

Unser Wegverlauf

Wir rollen vom Rathaus aus rechts durch den Ort, verbleiben auf der K6590 in abwechslungsreicher Fahrt durch den Wald und erreichen Wolpadingen. Nach einer Rechtskurve verlassen wir am Ortsende die

Ausladender Jägerhochsitz am Ahornkopfweg

Kilometerlang ganz relaxt durch den Wald

St. Blasien: weißer Dom im schwarzen Wald

Schweizer Alpenpanorama vom Ibacher Friedenskreuz aus

Landstraße links auf dem Panoramaweg, der uns beim ersten Abzweig links mit Traumsicht hinunter nach Happingen führt.

Über Hierbach nach Ibach

Es geht in einer Rechtskurve bergauf durch den Ort bis zum Wegkreuz beim Lindenhof, von dort rasant bergab nach Vogelbach, wo wir die K6590 kreuzen und rechtsgerichtet über die Bachstraße und die Paradiesstraße im Bogen hinauf nach Hierbach mit seiner markanten Kirche stromern.

Hier geht es links flott bergab, kurvenreich durch den Wald und zackig hinauf zum Hierholzer Weiher. Wir steigen auf der Bergstraße weiter hinauf, rechts nach Fröhnd und im abwechslungsreichen Hinauf und Hinunter nach Finsterlingen, wo wir an der Kreuzung links die Hofmattstraße nehmen, die uns hinauf nach Ennersbach bringt. Jetzt sofort links hinein in den Wald, vorbei an der Kreuzung Bei den vier Wegen, geradeaus weiter zum Flurkreuz von 1880 an der Spielmannswies. Dort stoßen wir auf die K6526, die wir links in Richtung Ibach nehmen.

Vorbei am wahrscheinlich schönsten Buswartehäuschen in ganz Baden-Württemberg in Vorderibach, durchrollen wir bergab Unteribach, lassen die Kirche links liegen, erreichen Oberibach, wo wir uns rechts mit Akku-Unterstützung an den Aufstieg zum Schorrmättle-Parkplatz machen. Hier verlassen wir die K6526 und den

Genusstipp

Das **Café Rosalie** offeriert köstliches Frühstück und leckerstes Backwerk aus der Region, möglichst nachhaltig hergestellt und mit viel Liebe gemacht. Wenn auf Kuchen und Torten der Begriff »hausgemacht« zutrifft – dann hier! Der Vollständigkeit halber sei nicht unerwähnt, dass auch deftigere Brotzeiten, Quiche, Flammkuchen, Cocktails und vieles mehr in bester Qualität angeboten werden!
■ *www.caferosalie.net*

Asphalt nach links. Ein kurzer Aufstieg zum Ibacher Friedenskreuz (je nach Kondition zu Fuß oder auf dem E-Bike) ist wegen der Wahnsinnsaussicht von dort Pflicht!

Zurück nach Wittenschwand

Vom Aussichtspunkt zurück befahren wir den geschotterten Lehenbrünnleweg vorbei an Hochweiden und durch Waldstücke hinunter bis Mutterslehen. Wir stoßen auf die L150, folgen ihr etwa 250 Meter nach rechts bis zum links gelegenen Wanderparkplatz mit der Schutzhütte. Wir queren die Landstraße, radeln 50 Meter geradeaus in den Wald und biegen sofort rechts in den Ahornkopfweg ein. Der zieht einwandfrei befahrbar durch den Wald, wir folgen der Beschilderung St. Blasien OT Ziegelfeld. Wir passieren nun wieder auf Teer zwei Rehakliniken und biegen nach der Kohlwaldklinik rechts hinunter ab. Wir durchfahren eine Rechtskurve, queren wieder die L150 und stromern beim Café Zeller auf den Steinenbachweg. Wir überqueren das Steinbächle und ziehen rechts auf dem Waldweg hinauf bis zur aufgestauten Ibacher Kluse vor der Urbergsäge.

Dort schlagen wir uns links auf dem Waibelschwandweg in den Wald und ziehen bei der ersten Kreuzung rechts hoch zur Straße Rüttewies, rollen ein paar Meter hinab zur K6590, die uns nun bergab, vorbei am Klosterweiher, wieder zurück zum Parkplatz am Rathaus bringt.

Süße Schwarzwald-leckereien als Tourbelohnung

Der Hierholzer Weiher, Lebensraum für Libellen und Wasserinsekten

mittel | 34 km | 500 Hm | 1,75 Std.

Auf einen Blick

Tourencharakter

Wir fahren drei Viertel der Strecke auf asphaltierten Sträßchen und Straßen. Teils auf geschotterten Waldwegen, teils auf erdgebundenen Wegen.

Ausgangs-/Endpunkt

Gratisparkplatz Wittenschwand Rathaus, Rathausstraße 1, 79875 Dachsberg-Wittenschwand GPS 47.72929, 8.09876

Anfahrt

Per Bahn und Bus: Wittenschwand und der Dachsberg – wie viele andere Orte im Hotzenwald auch – sind nur verhältnismäßig umständlich und mit mehreren Umstiegen zu erreichen.
Per Pkw: Über die B 500 vom Schluchsee oder von Waldshut bis nach Häusern, dort auf der L 149 nach St. Blasien, wechseln auf die L 150 Richtung Todtmoos und den Abzweig links auf der Kreisstraße 6590 bis Dachsberg-Wittenschwand

Schlemmertipp

Landgasthof Klosterweiherhof

Die wunderbare Lage des Gasthofs direkt am idyllischen Klosterweiher mit der großen Außenterrasse garantiert einen schönen Blick auf das Wasser. Zudem liegt die Rastmöglichkeit punktgenau am Ende der Tour. Bereits im 18. Jahrhundert wurde mit dem Wasser des Ottlisbachs ein kleiner See aufgestaut, der lange Zeit als Fischweiher für das nahe gelegene Kloster in St. Blasien diente. Neben der romantischen, wassernahen Lage punktet das Haus mit regionalen und saisonalen Spezialitäten, die zum allergrößten Teil bevorzugt von Lieferanten aus dem nahen Umfeld stammen.

■ *Am Klosterweiher 3, 79875 Dachsberg, Tel. 07672/480 50 34, www.klosterweiherhof.com*

BLUMENPARADIES NÖGGENSCHWIEL

16

Im Namen der Rose

In diesem kleinen Ort, der auf 720 Metern die südliche Sonnenterrasse des Hotzenwalds bildet, dominiert die Rose. Bevor wir in den Schaugärten schwelgen, stromern wir über das waldreiche Plateau, genießen die Ausblicke und viel Abwechslung.

Im sogenannten Rothauser Land, am südlichen Rand der Ferienregion Hotzenwald, erschließt sich die Schönheit der Landschaft oft erst auf den zweiten Blick – oder aber vom Sattel des E-Bikes aus. Idyllische Bachläufe durchziehen die sanften Hügel der naturbelassenen Landschaft und von verschiedenen Aussichtspunkten aus beeindruckt bei klarer Fernsicht das mächtige Alpenpanorama der nahen Schweiz. Als erste Rast auf dieser Runde bietet sich der Gupfen bei Bannholz an, ein idyllischer Platz zwischen mächtigen, Schatten spendenden Bäumen nebst Sitzplätzen, Grillplatz und Pavillon.

Die Steigungen durch den dichten Wald sind meist moderat, die Rad- und Wanderwege schlängeln sich eher behäbig über Weidewiesen, die bei Außer-Ay als Überraschung am großzügigem Außengehege einer Straußenfarm mit zahlreichen imponierenden Laufvögeln entlangführen. Die flugunfähigen, beeindruckend großen Tiere existieren wild lebend nur noch in Afrika, kommen als Zuchtstrauße aber auch mit dem Klima im Südschwarzwald prima zurecht.

Ein kurzer Trail entlang des Haselbachs bringt uns hinunter zum Kloster Maria Bronnen, abgelöst von einem knackigen Stich hinauf zur Fatimakapelle bei Bierbronnen. Nach einem Dorfbrunnen, aus dem Gerstensaft fließt, sucht man

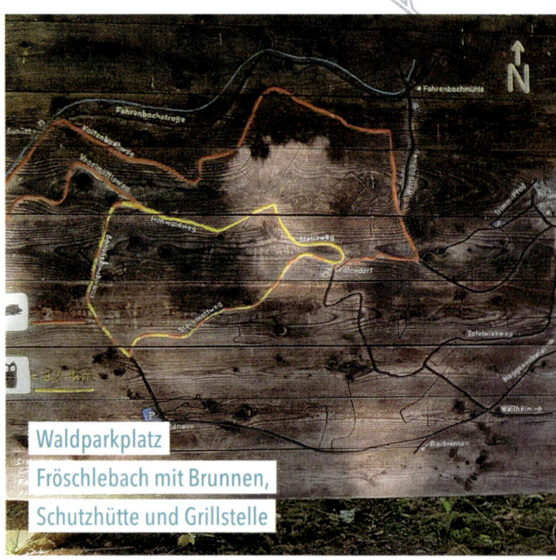

Waldparkplatz
Fröschlebach mit Brunnen, Schutzhütte und Grillstelle

Blick vom Aussichtspunkt Hohfluhfelsen in das Schwarzatal

Geheimtipp

In dem kleinen Dorf Nöggenschwiel dreht sich alles um die Rose. Zu Recht nennt sich der Ort Rosendorf, denn hier wachsen knapp 17 000 Rosen der unterschiedlichsten Sorten in Schaugärten und vielen privaten Hausgärten. Das Rosendorf auf 720 Metern Höhe ist das höchstgelegene in ganz Deutschland. Alljährlich im Juli findet das große Rosenfest Nöggenschwiel statt, mit Festumzug und Wahl der Rosenkönigin.

Die Auhütte am Aufstieg ins Fohrenbachtal

Unsere Route kreuzt mehrfach den Rosenwanderweg.

Gepflegter Waldweg bei Nöggenschwiel – optimaler Untergrund

Der Gupfen – malerischer Aussichtspunkt mit Schutz-Pavillon

Brücke über den Haselbach bei Maria Bronnen

hier allerdings vergebens. Schmale Kreisstraßen führen uns zunächst durch kleine Weiler und Teilorte, ehe wir uns über bewaldete Buckel wieder dem Rosendorf nähern. Bevor wir den Parkplatz erreichen, bietet sich ein kurzer Abstecher zum versteckt liegenden Aussichtspunkt Hohfluhfelsen, etwa einen Kilometer vom Ortsende Nöggenschwiel entfernt, an. Von einer kleinen Plattform aus genießt man einen spektakulären Blick hinab in das Naturschutzgebiet Schwarza-Schlücht-Tal. Mit ganz viel Glück kann man dort auch wild lebende Gämsen beobachten.

Unser Wegverlauf

Wir starten vom Gratisparkplatz nahe der Touristinformation am Roseneck links über die Straße Zum Mühlenholz, biegen die erste links ab (Tafelwies), halten uns am Abzweig nach den letzten Häusern rechts und ziehen leicht abwärts im Bogen über die Wiesen auf den Waldrand zu.

Entspannt erreichen wir den Waldparkplatz Fröschlebach, ziehen leicht bergan, kurven links in den Wald und nehmen an der Kreuzung den Waldweg scharf rechts. Der führt hangseitig im großen Rechtsbogen durch dichte Bewaldung, bis wir auf den Wolfbachweg treffen, dem wir scharf links hinunter bis zur Fohrenbachmühle folgen.

Zur Aussicht auf dem Gupfen

Dort geht es links über die Brücke entlang des Fohrenbaches, Richtung Waldhaus bergwärts, vorbei an der Au-Hütte hinauf zum Flöschkreuz, wo wir die K 6556 queren und geradeaus auf dem Bannholzer Weg den gleichnamigen Ort erreichen.

Innerorts erst kurz rechts, dann links auf die Gupfenstraße und hinauf zum Gupfen, einem der schönsten Aussichtspunkte im gesamten Südschwarzwald.

Genusstipp

Nicht gerade alltäglich für den Schwarzwald ist die **Straußenfarm** in Außer-Ay. Das Fleisch der Zuchtstrauße ist sehr gesund, weil extrem cholesterinarm und voller wertvoller ungesättigter Fettsäuren. In Kellers Hofladen sind neben Straußenfleisch wie Braten oder Gulasch z. B. auch Straußeneinudeln und viele andere regionale Produkte erhältlich.

■ *www.kellers-hofladen.de*

Über das Kloster Maria Bronnen nach Bierbronnen

Zunächst rechts auf dem Radweg weiter, hinunter parallel zur B 500, den ersten Abzweig links hinauf und an der ersten Kreuzung rechts auf den Feldweg. Am Hungerberg Fernblick links

Dieter Schmidt (r.), Waldhaus-Chef mit seinem Braumeister

hinab nach Ay, vorbei am Straußengehege, hinab ins Tal und vor der K6551 auf den Trail Rosenweg, der uns am Haselbach entlang auf schmalem Geläuf bis zum Kloster Maria Bronnen führt.

Dort queren wir die Kreisstraße und steigen steil bergauf, halten uns an dem kommenden Sträßlein links und ziehen vorbei an der Kapelle zum Waldrand. Nach einem großen Rechtsbogen stoßen wir nach Bierbronnen hinab und nehmen sofort links die Straße Im Grün.

Im Auf und Ab zurück nach Nöggenschwiel

Die führt uns durch den OT Rohr und nach einem Links-rechts-Zickzack auf dem Haselbachweg zur K6556. Auf dieser fahren wir durch Weilheim und weiter durch Dietlingen, wo wir uns wieder nach einer Links-rechts-Kurve in die Felder schlagen.

Vom Wegkreuz Schnörringen aus radeln wir zunächst geradeaus und nehmen den ersten Abzweig links in den Wald hinauf. Über bewaldete Buckel erreichen wir im Auf und Ab über den Witznauweg wieder den Ortsrand von Nöggenschwiel.

Hier halten wir uns links auf den Rosenweg ortsauswärts, biegen beim Gasthof Ebner links ab und folgen der Beschilderung Hohfluhfelsen. Die letzten 200 Meter bis zur Plattform sind steinig und von Wurzeln überzogen, aber der Ausblick lohnt sich unbedingt.

Wir fahren zurück zum Gasthof Ebner, dort rechts, und verbleiben auf der Dorfstraße, vorbei an der Kirche, bis wir wieder auf die Touristinformation und den nahe gelegenen Parkplatz stoßen.

Schlemmertipp

Brauerei-Gasthof Waldhaus

Die kleine und sehr feine Privatbrauerei Waldhaus, in der bereits seit vier Generationen hochdekorierte Bierspezialitäten gebraut werden, verfügt – wie das sich für eine ordentliche Landbrauerei gehört – auch über einen zünftigen Brauerei-Gasthof nebst schönem Biergarten. Neben den süffigen Gerstensäften wie z. B. Ohne Filter Dunkel, Diplom Pils oder gar dem Hopfensturm bietet der Patron jahreszeitlich badisch-elsässische Küche an, in der alle Fonds, Suppen und Saucen nach traditionellen Rezepten von den Gasthofköchen zubereitet werden. Sogar das gereichte Brot wird im eigenen Steinbackofen vor Ort gebacken. Gastlichkeit gepaart mit Nachhaltigkeit: vorbildlich!

- *Waldhaus 1, 79809 Weilheim, Tel. 07755/16 00, www.gasthofwaldhaus.de*

Garantiert kein Auerhahn: Straußenweide bei Kellers Hofladen

mittel | 37 km | 580 Hm | 2,5 Std.

Auf einen Blick

Tourencharakter

Wir fahren am Anfang und am Ende der Tour kurz auf Asphalt, dazwischen auf Kreissträßchen sowie auf gut befahrbaren Wald-, Wiesen- und Wanderwegen.

Ausgangs-/Endpunkt

Gratisparkplatz in der Fohrenbachstraße, am Ortseingang Nöggenschwiel
GPS 47.69057, 8.21363

Anfahrt

Per Bahn und Bus: Mit dem Zug von Freiburg über Hinterzarten, Titisee, Aha, Schluchsee bis nach Seebrugg. Ab Freiburg Hbf. fährt die Höllentalbahn, ab Titisee die Dreiseenbahn. Endstation der Dreiseenbahn ist Seebrugg. Von hier fährt der Südbadenbus 7342 nach Waldshut-Tiengen und hält auch in Nöggenschwiel. Fahrradmitnahme schwierig.

Per Pkw: Über die A 5 (Karlsruhe–Basel), Ausfahrt Freiburg-Mitte. Auf der B 31 bis Titisee-Neustadt, Abfahrt Richtung Waldshut (B 500) über Schluchsee, Häusern und Höchenschwand, nach ca. 7 km links zum »Rosendorf Nöggenschwiel«.

Über die A 81 (Stuttgart-Singen), Abfahrt Donaueschingen. Auf der B 31 Richtung Freiburg, bei Titisee-Neustadt rechts ab Richtung Waldshut (B 31), über Schluchsee, Häusern und Höchenschwand, nach ca. 7 km links zum »Rosendorf Nöggenschwiel«

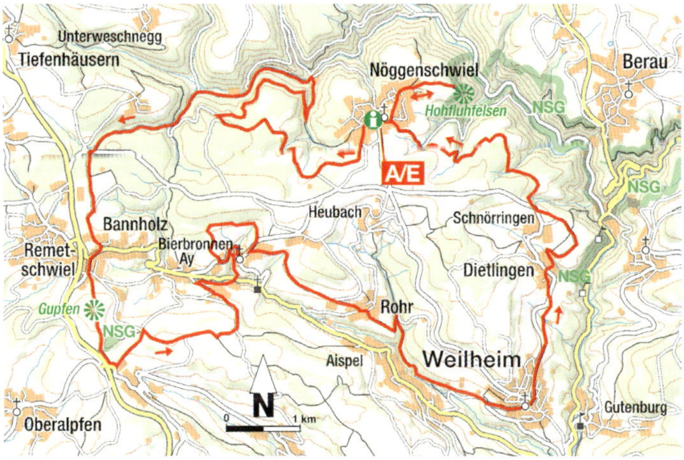

Belchenanstieg aus dem Wiesental

17

Verstecktes Zeller Bergland

Auch wenn wir einen direkten Belchen-Gipfel-Anstieg auf dieser Tour nicht im Angebot haben, so ist doch dieses E-Bike-Abenteuer in der Belchenregion des Unteren und Oberen Wiesentals ein echtes Highlight. Das Zeller Bergland: wenig befahren und noch ein echter Geheimtipp!

Ja klar, der Belchen gehört mit seinen 1414 Metern zu den »Big Five« der Schwarzwaldgipfel und ist schon allein wegen der Ausblicke eine Tour wert. Andererseits ist die Anfahrt auf Asphalt über die alte Belchenstraße keine wirkliche Herausforderung und die Vorberge der Belchenregion, speziell im Tal der Wiese, die am Feldberg entspringt, und im Oberen Wiesental, wo die Kleine Wiese vom Belchen her die Hänge entwässert, sind in großen Bereichen noch weiße Flecken auf den üblichen Wander- und Radrouten.

Über diese Vorbergzone, ausgehend vom Flusstal der Wiese, steigen wir durch den Wald und an Viehweiden vorbei auf schmalen Straßen an. Je höher wir kommen, umso schöner und raumgreifender wird die Aussicht hinunter ins Wiesental. An der Passhöhe Hau angekommen, wo früher zur Abwehr feindlicher Truppen Schanzen und ein Verhau aus Büschen und Bäumen installiert wurden, zeigt sich der gewaltige Rücken des Belchen vor uns in seiner ganzen Pracht.

Wir stromern in Serpentinen weiter durch den Bergwald und über Hochweiden des Zeller Berglands und erreichen auf spannenden Wegen mit der Unteren Stuhlsebene den zweiten Passübergang in der Belchenregion. An beiden erwähnten Passübergängen ist für E-Biker Vorsicht angezeigt, da hier besonders an Wochenenden gerne schnell fahrende Motorradfahrer unterwegs sind.

Nach weiteren am Hang gelegenen Waldpassagen fahren wir schließlich durch das Tal des Aiternbachs zwischen dem Tannenboden und dem Ochsenberg über die Hanggemeinde Aitern wieder ins Wiesental nach Utzenfeld zurück.

Geheimtipp

Ein weitläufiges Verteidigungssystem erstreckte sich ab 1700 über 200 Kilometer durch den Schwarzwald. Am Böllener Eck nahe Neuenweg wurden eine fünfzackige Sternschanze mit einem Durchmesser von ca. 30 Metern, bis zu drei Meter tiefe Gräben und eine quadratische Redoute mit ca. 20 Metern Seitenlänge freigelegt. Von einem Beobachtungspunkt kann man das Areal überblicken.

Der Knöpflesbrunnen: Badens schönstes Alm-Gasthaus

Blick von der Passhöhe Hau-Neuenweg nach Süden

Handgerührt in Utzenfeld: Fallers Schwarzwald-Marmelade

Märchenhaft schön: das kleine Wiesental im Zeller Bergland

Unser Wegverlauf

Vom Parkplatz direkt hinter dem Flüsschen Wiese aus halten wir uns rechts und fahren auf dem markierten Radweg Richtung Lörrach los. Zunächst nahe der B 317 ziehen wir nach einer Linkskurve unter der Bundesstraße durch, weiter am Waldrand entlang, vorbei am Freibad Schönau, weiter am Fluss entlang bis nach Wembach.

Über Pfaffenberg nach Wolfsacker

Bei der Kläranlage queren wir die Bundesstraße, um 100 Meter nach rechts versetzt auf der gegenüberliegenden Seite den Radweg hinauf nach Fröhnd zu nehmen. In Höhe der Kasteler Brücke verlassen wir den Radweg und halten uns halb rechts auf der Straße nach Kastel und weiter kurvig bergauf nach Oberhepschingen.

Mit nur geringer Steigung, dafür umso kurviger führt die Straße Richtung Pfaffenberg. Bevor es in den Ort hineingeht, biegen wir auf der Ortsstraße nach rechts ab und stromern bergwärts bis zum Waldparkplatz Zimmerplatz. Dort scharf rechts auf das schmale Sträßchen Richtung Käsern, am ersten Abzweig vor den Häusern links bis zum Wegpunkt Käsern Linde und dort rechts dem blauen Rhombus folgend bergauf Richtung Wolfsacker.

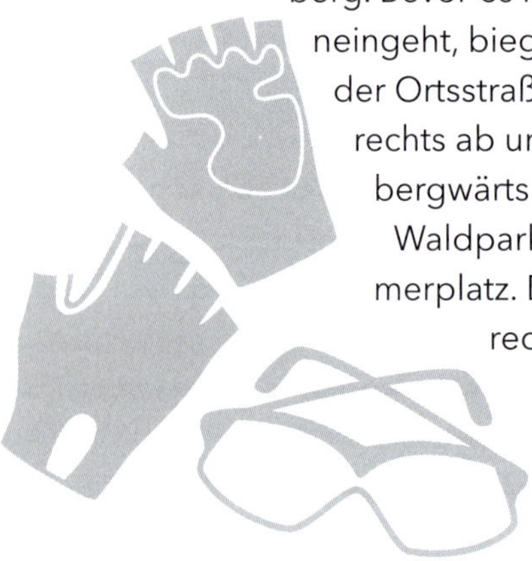

Genusstipp

Kleine Mengen erlesener Früchte aus dem Markgräflerland, der Ortenau oder dem Kaiserstuhl werden in der **Konfitürenmanufaktur Faller** handgerührt und im offenen Kupferkessel schonend gegart, um den natürlichen Geschmack der Früchte (z. B. Waldheidelbeere, badische Schwarzkirsche, Brombeere, Schwarze Johannisbeere und andere) zu erhalten und zu bewahren.
■ *www.fallerkonfitueren.de*

Hinauf zur Passhöhe Hau

Die Route führt uns zwischen dem Bubshorn und dem Hirschkopf zur Schutzhütte Wolfsacker, wo wir die blaue Raute halb rechts verlassen. An der ersten Gabelung links, gleich darauf wieder rechts und unterhalb des Windparks Fröhnd 1 vorbei.

Weiter des Wegs ziehen wir um das Honeck und rollen abwärts zum Wegpunkt Zeiger. Wir nehmen halb rechts die Zeigerstraße. Aus dem Wald heraus halten wir uns in Richtung Passhöhe Hau wieder halb rechts und passieren dabei die Schanzen, die einst die Verteidigungsanlage Böllener Eck bildeten. Zwischen Neuenweg und Böllen stoßen wir auf die L 131 und sehen vor uns in voller Pracht die Kuppelform des mächtigen Bergrückens des Belchen aufragen.

Im Auf und Ab durch die Wälder

Wir biegen rechts in die Landstraße ein und fahren das kurze Stück bis Oberböllen, nehmen beim Rathaus die Straße links, passieren das Feuerwehrhaus und stromern neben dem Böllener Bächle am Waldrand entlang, überqueren in einer scharfen Rechtskurve das Bächle und ziehen mit

mittel | 38 km | 900 Hm | 3 Std.

Auf einen Blick

Tourencharakter
Wir fahren am Anfang der Tour länger auf dem asphaltierten Radweg sowie auf schmalen Bergsträßchen. Danach auf gut befahrbaren Wald-, Wiesen- und Wanderwegen.

Ausgangs-/Endpunkt
Kostenloses Parken beim Sportplatz (auch Womo-Stellplatz), Spanigasse 9, 79694 Utzenfeld
GPS 47.79935, 7.91671

Anfahrt
Per Bahn und Bus: Von Freiburg mit der Höllentalbahn nach Kirchzarten, weiter mit Bus 7215 nach Todtnau, Umstieg auf Bus 7300 Richtung Zell/Wiesental bis Utzenfeld. Von Lörrach mit der S6 nach Zell/Wiesental, Umstieg auf Bus 7300 Richtung Titisee, Ausstieg Utzenfeld
Per Pkw: Von Freiburg über die B 31 Richtung Donaueschingen, Ausfahrt Kirchzarten, auf der L 126 nach Todtnau, weiter B 317 Richtung Lörrach, rechts ab nach Utzenfeld. Von Donaueschingen über die B 31 Richtung Freiburg, Ausfahrt Feldberg/Todtnau, der B 317 bis Todtnau folgen, weiter Richtung Lörrach, Ausfahrt Utzenfeld

Schlemmertipp

Almgasthaus Knöpflesbrunnen
Der Knöpflesbrunnen, auf einem Bergsattel über Utzenfeld gelegen, ist das wahrscheinlich schönste Almgasthaus in ganz Baden-Württemberg. Dort oben angekommen geht einem beim Blick über den Hotzenwald, hinunter Richtung Basel oder hinüber zum Belchen das Herz auf. Neben den zwei gemütlichen Gaststuben weiß natürlich der Außenbereich wegen der Aussicht zu überzeugen. Großartiges und nachhaltiges badisches Vesperangebot, ausschließlich aus regionalen Zutaten. Eine begrenzte Anzahl von Übernachtungsmöglichkeiten findet sich im Obergeschoss, rechtzeitige Voranmeldung ist aber unbedingt erforderlich.
■ *Knöpflesbrunnen 1, 79694 Utzenfeld, www.knoepflesbrunnen.de*

Motorunterstützung knackig bergauf und kurvig durch den Wald, bis wir oberhalb von Schönenberg die Untere Stuhlsebene erreichen. Wir biegen links in den Querweg ein, ziehen erst kurz nach oben, danach wieder abwärts, am folgenden Wegkreuz schlagen wir uns bergauf links auf den Hitzleweg, dem wir um den Letzberg bis zum Abzweig Holzinshaus folgen. Es geht noch einmal kurz bergauf durch den Wald, wieder aus den Bäumen heraus und talwärts in den Weiler Holzinshaus an der L 142.

Über Aitern zurück nach Utzenfeld

Wir fahren auf der Landstraße bergab, verlassen sie aber direkt in der ersten Kurve vor dem Aiternbach nach links, um gleich darauf scharf rechts den Bach zu queren und auf dem Feldweg hinunter nach Aitern-Gupf zu rauschen. Wir stoßen dort auf die Bergstraße, die wir aber nach ca. 100 Metern links wieder Richtung Utzenfeld auf einem Feldweg verlassen.

Wir rollen zunächst über Bergwiesen, ehe es rechts in einer steilen Abfahrt hinunter zur Faller-Marmeladenfabrik geht. Dort biegen wir rechts in die Ledergasse ein, erreichen die Hauptstraße, die wir überqueren, und biegen etwas versetzt rechts in die Spanigasse ein, die uns zur Wiese und zum Parkplatz am Sportplatz zurückbringt.

VIER SCHWARZWALDSEEN AUF EINMAL

18

Romantische Seen-Tour

Die Schwarzwaldseen sind für viele Romantiker Sehnsuchtsziele, denn ihre Lage zwischen den bewaldeten Bergrücken hat etwas Heimeliges und man fühlt sich geborgen. So gehört eine Seenradtour zu den absoluten Klassikern, zumal sich die hier angefahrenen Seen deutlich voneinander unterscheiden.

Der Schwarzwald verfügt über etliche Weiher und Seen – natürliche wie künstliche –, die jeder für sich spezielle Reize aufweisen. Aber in keiner Region liegen so viele davon so nahe beisammen wie zwischen dem Feldberg, Titisee-Neustadt und St. Blasien.

Hier finden sich sechs – wenn man den Radius etwas erweitert, sogar acht – höchst unterschiedliche Gewässer und vier davon fahren wir auf dieser E-Bike-Runde von Hinterzarten aus an.

Das Interessante dabei ist, dass sich die Seen stark voneinander unterscheiden und keiner vergleichbar mit dem anderen ist. Wir erreichen zuerst den Feldsee, den auf 1109 Metern höchstgelegenen See Deutschlands außerhalb der Alpen. Hier herrscht strenges Badeverbot, weil der in der Eiszeit entstandene, von einem Bannwald umgebene Karsee unter Naturschutz steht. Ein – vor allem unter der Woche – romantisch verträumtes Plätzchen.

Eher das Gegenteil davon ist der Schluchsee, das zweite Gewässer, das wir erreichen. Der Stausee ist nach dem Bodensee der größte See Baden-Württembergs. In den Jahren zwischen 1929 und 1932 wurde der ursprüngliche Gletschersee des Feldberg-Gletschers durch eine mächtige Talsperre aufgestaut; er dient heute der Energiegewinnung durch Wasserkraft und ist ein beliebtes Areal für Wassersportler.

See Nummer drei an unserer Bike-Strecke ist der Windgfällweiher, der bereits 1895 zur heutigen Größe aufgestaut wurde. Hier sammelt sich viel Wasser, das vom Feldberg abfließt, um mittels eines abgedeckten Kanals weiter dem nahen Schluchsee zugeführt zu werden. Ein schönes historisches Strandbad lädt zu einer Badepause

Geheimtipp

Obwohl auch Schluchsee und Titisee Badestrände aufweisen, empfiehlt sich ein Badestopp am Windgfällweiher. Deutlich weniger kommerziell und direkt am Ufer des naturbelassenen Sees, geschützt zwischen den Wäldern liegt das nostalgische Strandbad. Die Gäste finden Sanitäranlagen, Umkleidekabinen, eine Liegewiese, eine Terrasse mit Bar, einen Eltern-Kind-Bereich, eine Surfstation …

■ *www.hochschwarzwald.de/attraktionen*

Passhöhe Feldberg: Traumblick ins Menzenschwander Tal

Waldarbeiterhütte am Waldweg nahe der Farnwitte

Nostalgisches Strandbad Windgfällweiher

Windgfällweiher: Zwischenstopp ganz nahe am Wasser

Ruhe vor dem Sturm: der Titisee früh am Morgen

Schluchseeblick kurz vor Aha

ein. Auf der Rückfahrt nach Hinterzarten treffen wir mit dem Titisee auf den wohl bekanntesten unter den Schwarzwaldseen. Der größte natürliche See des Schwarzwalds ist touristisch stark erschlossen und der Rummel an seinem Ostufer, wo die Bootsrundfahrten starten, kann in der Hochsaison massiv sein.

Unser Wegverlauf

Wir rollen vom Parkplatz am Bahnhof kurz ortseinwärts und biegen links auf die Rathausstraße ein, die kurz darauf als Erlenbrucker Straße weiter aus dem Ort führt. Wir passieren das Skimuseum im Hugenhof, überqueren den Zartenbach und schrauben uns vorbei am Mathislehof halb rechts Richtung Mathislemühle auf dem Waldweg nach oben.

Hinauf zum Feldsee

Auf dem Stuckwaldweg und der Hummelweiherstraße passieren wir den Häuslebauernhof, biegen kurz nach dem Hof scharf

Das Straßburger Brünnele bei Rinken, nahe Hinterzarten

Der Feldsee, unter Naturschutz und schönster Karsee

links in den Rufenhofweg ein, den wir an der folgenden Kreuzung nach rechts verlassen, um über einen knackigen Anstieg hinauf auf die Rinkenstraße, vorbei am Straßburger Brünnele zum Wanderparkplatz beim Jägerheim zu ziehen.

Auf dem Rinkensattel biegen wir links in den Seewaldweg ein, wechseln bei der kommenden Weggabel halb rechts auf den Raimartihofweg, der uns in lässigen Bögen und lockerem Auf und Ab hinunter zum Raimartihof bringt. Von hier lohnt unbedingt der kurze Abstecher auf steinigem Geläuf zum nahe gelegenen Feldsee, dem schönsten Schwarzwaldkarsee. Da er strikt unter Naturschutz steht, ist das Baden hier untersagt.

Aussichtsreich zum Schluchsee

Vom Feldsee zurück Richtung Wirtshaus, kurz vorher rechts und gleich noch mal rechts über das Seesträßle hinauf zum Caritashaus am Feldbergpass. Ein saftiger Anstieg, der Umsicht erfordert, sind doch gerade am Wochenende auf dem schmalen Weg viele Wanderer unterwegs.

Wir queren die B 317 und nehmen links vom Caritashaus den anfangs etwas holprigen Waldweg, der sich nach 500 Metern an einem Buckel für einen sensationellen Blick ins Menzenschwander Tal öffnet. Wir halten uns bei der Hochkopf-Hütte rechts und steigen noch mal leicht zur Farnwitte an. Dort haben wir mit 1234 Metern den höchsten Punkt dieser Tour erreicht.

Am Wegpunkt Farnwitte wechseln wir halb links auf den Lachenrütteweg, der uns nun in langen Bögen abwärts durch den Wald bis in den Ortsteil Schluchsee-Aha führt. Bereits unterwegs tun sich immer wieder begeisternde Ausblicke auf den Schluchsee auf.

Genusstipp

Auf dem **Ospelehof** am östlichen Ortsrand von Hinterzarten betreibt das Ehepaar Braun Direktvermarktung über den Hofladen. Eigene Herstellung von gereiftem Bergkäse und Schwarzwaldgouda – dazu Schwarzwälder Schinken, Rindfleisch und Eier. Ein Alleinstellungsmerkmal ist die von Martin Braun entwickelte und zertifizierte feine Naturkosmetik-Linie auf der Basis von Frischmolke.
■ *www.ospelehof.de*

Über den Windgfällweiher nach Bärental

In Aha queren wir die Straße, biegen links auf den Radweg ein, der uns nach einer Rechtskurve nach links zu einer Unterführung der B 500 bringt. Auf der anderen Seite halten wir uns wieder links und ziehen auf dem Oberen Bildsteinweg nahe den Gleisen der Dreiseenbahn am Waldrand bis zum Windgfällweiher.

Passt das Wetter, lädt hier das historische Strandbad zu einer Badepause ein. Wir kreuzen die K 4990 und ziehen durch den Wald auf dem Rad- und Wanderweg nach Altglashütten, biegen dort in Richtung Falkau rechts ab und steigen dann gleich links über die Schuppenhörnlestraße nach Hinterfalkau an, zweigen links in den Höhenrundweg ab und gleich darauf wieder links in den Waldweg, der bis nach Bärental führt.

Trail zum Titisee und zurück nach Hinterzarten

Dort queren wir vorsichtig die viel befahrene Feldbergstraße B 317, um hinter dem Bahnhof Bärental den ausgewaschenen Trail hinunter zum Titisee zu wählen. Es geht hier fast ausschließlich abwärts, auf einem anspruchsvollen, schmalen Untergrund. Dort, wo zu stark ausgewaschen, darf es gern einmal eine kurze Schiebepassage sein.

Unten, beim Bankenhof-Camping, halten wir uns links, und erreichen beim Bankenhof die Straße Bruderhalde, die immer in Sehweite des Titisees in den Ort führt. Kurz vor dem Strandbad und Kurpark Titisee biegen wir rechts in den Waldpfad ab, der uns nach kurzen An- und Abstiegen in Richtung Jockeleshofmühle und dann links über den Winterhaldenweg nach kurzer Fahrt wieder zum Bahnhof und Parkplatz Hinterzarten bringt.

Schlemmertipp

Raimartihof, Gasthaus zum Feldsee
Der schöne alte Eindachhof ist lediglich über Rad- und Wanderwege zu erreichen, eine direkte Anfahrt mit dem Pkw ist nicht möglich, da die Zufahrtswege mit Schranken gesichert sind. Nächstgelegener Wanderparkplatz ist das Kunzenmoos. Im Inneren weist der Hof drei urgemütliche Bauernstuben für seine Gäste auf, draußen bietet eine großzügige, beschattete Gartenwirtschaft einen schönen Ausblick Richtung Seebuck oder über die Seebach-Senke. Angeboten werden typische Schwarzwälder Vesper, hausgemachte Gerichte vom hofeigenen Galloway-Rind und selbst gebackener Kuchen. Zum Hof gehören auch Ferienhütten, die gemütliche Übernachtungsmöglichkeiten für Selbstversorger bieten.
■ *Raimartihofweg 12, 79868 Feldberg,*
Tel. 07676/226,
www.raimartihof.de

Top-Bergkäse im Hofladen des Ospelehofs Hinterzarten

Der Raimartihof, klassischer Vesperplatz nahe am Feldsee

mittel | 39 km | 760 Hm | 3 Std.

Auf einen Blick

Tourencharakter
Wir fahren am Anfang und am Ende der Tour kurz auf Asphalt, dazwischen auf einwandfrei und gut befahrbaren Wald-, Wiesen- und Wanderwegen.

Ausgangs-/Endpunkt
Kostenpflichtiger Parkplatz am Bahnhof Hinterzarten, Bahnhofweg 3–5, 79856 Hinterzarten
GPS 47.90520, 8.10813

Anfahrt
Per Bahn: Vom ICE-Bahnhof Freiburg aus fährt die Höllentalbahn Richtung Titisee im Halbstundentakt, der Bahnhof Hinterzarten ist von Freiburg in 20 Minuten erreicht.
Per Pkw: Über die A 5, Karlsruhe-Basel, Ausfahrt Freiburg Mitte, weiter auf der B 31 Richtung Donaueschingen, Abfahrt Hinterzarten. Über die A 81, Stuttgart-Singen, Ausfahrt Bad Dürrheim/Donaueschingen, weiter auf der B 31 in Richtung Titisee-Neustadt und Freiburg, Abfahrt Hinterzarten

KLEINSTADTPERLE LÖFFINGEN

19

Durch die Wälder der Westbaar

Wald und Wasser prägen auch diese Tour, die uns oberhalb der Wutachschlucht in den Grenzbereich zwischen Schwarzwald und Baar führt. Der Friedenweiler Klostersee und der Kirnbergsee laden an der Strecke zum Ausspannen und Planschen ein.

Baar nennt sich die Hochebene, die vom Schwarzwald hinüber zur Schwäbischen Alb reicht. Grenzgebiet also, wenngleich landschaftlich reizvoll, da sich die lichterfüllte Weite mit Wiesen und Ackerland von den vielen bewaldeten Bergrücken wohltuend absetzt.

Das Quellenland – hier entspringt der Neckar, hier fließen Brigach und Breg zur Donau zusammen und hier entspringen mit Krähenbach und Elta wichtige Zuflüsse der Donau – wurde wesentlich früher besiedelt als der abweisend wirkende Schwarzwald.

Der Raum Löffingen am Südraum der Baar formt den Übergang zum Alb-Wutachgebiet und bildet gleichzeitig die Wasserscheide Donau-Rhein. So genießen wir die weiten Wälder der Schwarzwaldausläufer ebenso wie das Radeln hinein in die Hochmulde des Baar-Beckens.

Das Marktstädtchen Löffingen, das die Stadtrechte im späten 13. Jahrhundert erhielt, liegt zwar in unmittelbarer Nähe zur »Schwarzwald-Transit-Route« B 31, ist aber trotzdem noch ein Geheimtipp als Kleinstadtperle, denn der nette mittelalterliche Stadtkern ist weitestgehend erhalten geblieben.

Allein die Stadtmitte in Form eines unregelmäßigen Ovals mit dem Marktplatz als Zentrum und den ihn umgebenden Treppengiebelhäusern ist mit seinem bunten gastronomischen Angebot im Außenbereich einen Besuch wert. Von den ursprünglich drei Stadttoren, die Löffingen bis zum 19. Jahrhundert sicherten, ist heute nur noch das Maienländer Tor an der westlichen Ortsausfahrt erhalten.

Für viele Wanderer ist Löffingen eine Station auf dem Schluchtensteig wegen der nahe gelegenen Wutachschlucht, wir

Geheimtipp

Der Klosterweiher oder Klostersee in Friedenweiler wurde im frühen 17. Jahrhundert angelegt. 1614 wurden nach einem Dammbruch das untere Klostertal und das nahe Rötenbach überflutet. Später nutzten örtliche Brauereien im Winter das Eis des Sees für ihre Bierkühlung. Seit 1850 als Badesee genutzt, verfügt der Klostersee zusätzlich über ein modernes, solarbeheiztes Freibecken, das erst kürzlich aufwendig saniert wurde.

Markante Treppengiebelhäuser am Marktplatz von Löffingen

300 Jahre alter Naturkeller der Käserei Spindler

Waldwiese und Hochweide kurz vor Bubenbach

Der Friedenweiler Klostersee mit dem solarbeheizten Freibecken

haben dafür die Chance, auf dieser Runde zwei völlig unterschiedliche Seen zur abkühlenden Rast zu nutzen.

Unser Wegverlauf

Wir starten am Bahnhof Löffingen, rechts zur Hauptstraße, fahren diese 100 Meter nach links und sofort wieder rechts auf die Seppenhofener Straße. Wir unterqueren auf dem Radweg die Bahnlinie und ziehen auf der Straße durch Seppenhofen hinauf auf die Hochebene über Reiselfingen.

Schöner Ausblick Richtung Baar, Wutachschlucht und Hochschwarzwald. Auf Asphalt geht es hinunter nach Reiselfingen, rechts durch den Ort und auf der K4992 auf den Abzweig nach Göschweiler zu. Hier ziehen wir über die L170 in den Ort hoch, steigen links in die Bergstraße an und biegen beim Gasthof Kranz halb rechts in die Waldstraße, die aus dem Ort führt.

Aussichtsreich zum Friedenweiler Klostersee

Wir passieren den Aussichtspunkt Hohe Wacht und rollen dem Feldweg folgend auf den Rastplatz Grillhütte Göschweiler zu. Hier biegen wir rechts auf den Hackbuschweg ein, der uns flott und eben durch den Wald zum Wegpunkt Krebsgraben und rechter Hand über Weideland zur L182 führt. Wir biegen links ein und erreichen Rötenbach. An der Hauptstraße erst links, dann beim Dorfladen rechts in die Friedenweilerstraße, erst unter der Bahn und dann unter der B31 hindurch, um den kommenden Abzweig halb rechts in den Wald hinauf- und hineinzunehmen.

Es folgt eine schön zu befahrende Passage nahezu kerzengerade durch den Wald. Wir fahren vorbei an der Kloster-Kreuzle-Hütte über den Schlichtmoosweg und den Kirchweg, bis wir an der ersten Kreuzung im Wald links den steinigen Weg hinab zum Klosterweiher wählen. Hier rasten wir, und es bietet sich je nach Wetter, Zeitbudget, Lust und Laune ein Badestopp an.

Genusstipp

Der kleine Familienbetrieb **Spindler** produziert aus Hochschwarzwälder Kuhmilch Hart-, Schnitt- und Weichkäse. Georg Spindler verarbeitet ausschließlich Rohmilch bei der Käseherstellung, was jede der Käsesorten einzigartig macht. In einem über 300 Jahre alten Gewölbekeller reifen die Käselaibe. Im Laden beim Käsekeller gibt es zudem Ziegenkäse und weitere regionale Spezialitäten.

■ *www.hofkaese.de*

Im Auf und Ab zum Kirnbergsee

Zurück nehmen wir wieder den kurzen Stich nach oben in den Wald zum Kirchweg und ziehen an der Kreuzung links weiter durch den Wald, bis wir nach den ersten Häusern die K5740 in Höchst erreichen. Wir biegen in diese links ein und klettern die Straße hinauf, bis wir mit Eisenbach auf 1044 Metern den höchsten Punkt unserer Tour erreicht haben.

Kurz vor der L1782 biegen wir rechts in den Tempelacker, der sich nach wenigen Metern vom Teer- zum Waldweg wandelt, der uns in großen Schwüngen auf dem Glaserweg durch den Wald hinunter nach Bubenbach bringt. Dort empfiehlt sich ein kurmittel | 45 km | 550 Hm | 2,25 Std.

Auf einen Blick

Tourencharakter
Wir fahren am Anfang und am Ende der Tour länger auf Kreis- und Landstraßen, dazwischen auf einwandfrei und gut befahrbaren Wald-, Wiesen- und Wanderwegen.

Ausgangs-/Endpunkt
Gratisparkplatz am Bahnhof Löffingen, Bahnhofstraße 1, 79843 Löffingen
GPS 47.88424, 8.34170

Anfahrt
Per Bahn und Bus: Löffingen ist Bahnstation mit Stundentakt an der Strecke Freiburg-Donaueschingen-Ulm/Tübingen. Östlichste Station der Regiokarte für alle Bahn- und Buslinien für den Großraum Freiburg. **Per Pkw:** Löffingen liegt unmittelbar an der B 31, nach Freiburg und zur A 5 (Karlsruhe-Basel) sind es nur 50 km, nach Donaueschingen und zur A 81 (Stuttgart-Singen) nur 25 km. Stuttgart, Konstanz, Zürich und Elsass liegen im Bereich von 100 km Entfernung.

Schlemmertipp

Gasthof Linde
Das Naturparkhotel und Gasthaus im Herzen Löffingens befindet sich seit 200 Jahren im Familienbesitz, und besticht durch seine familiäre Atmosphäre. Neben der Auszeichnung als Wanderhotel für das gastliche Haus kann die Küche mit den Siegeln »Naturparkwirt« sowie »Schmeck den Süden« aufwarten, die beide für eine herausragende regionale wie saisonale Speisekarte stehen. Da sind badische Klassiker genauso zu finden wie Wild aus heimischer Jagd, und auch für Vegetarier hat Küchenchef Michael Meßmer ein großes Herz – hierbei spielen unter anderem selbst gepflückte Wildkräuter eine ganz besondere Rolle.

■ *Obere Hauptstraße 10, 79843 Löffingen, Tel. 07654/354, www.linde-loeffingen.de*

zer Stopp am Rastplatz am Bubenbächle in der Ortsmitte.

Danach ein kurzes Stück zurück Richtung Glaserweg und Hinterdorf, dort links auf dem Kirchweg durch den Wald bis zur K 56740 beim Forsthaus. Hier links bis zum Gasthaus Falkennest, dort halb rechts hinunter auf In der Gass, unten rechts, am Hof vorbei auf einem schmalen Trail durch den Wald bis zum Römerweg.

Auf diesen biegen wir links ein und fahren schnurstracks durch den Mischwald bis nach Unterbränd. Hier folgen wir der Beschilderung Kirnbergsee. Dort haben wir wieder Gelegenheit für eine weitere Rast – und, wem's behagt, auch einen Badestopp.

Zurück nach Löffingen

Wir folgen der Beschilderung zur K 4994, in die wir links einbiegen, folgen bis zur nächsten Kuppe und schlagen uns dort in der Kurve erst rechts und gleich darauf wieder links in den Wald. Ein großer Linksbogen führt uns zum Schluchweg und der zum Hallenbad Löffingen in Dittishausen.

Wir nehmen rechts die Außendorfstraße und den Kapfweg, der uns hinabführt und gleich wieder rechts hinauf zur K 4994, die uns nun rechts unter der B 31 hindurch wieder nach Löffingen führt. Wir folgen der Hauptstraße bis zu den Bahngleisen, wo uns rechts am Bahnhof der Parkplatz erwartet.

IM EHEMALIGEN ALBGAU

20

Einmaliges Kleinod Sommerau

Romantisch, abwechslungsreich und spannend gestaltet sich dieses Tourangebot auf dem Terrain des ehemaligen Albgaus im Südschwarzwald. Insbesondere ein Teilstück auf dem sogenannten Ganterweg verlangt fahrerisches Geschick und Umsicht auf der schmalen, wurzelüberzogenen Trailpassage.

Der Südschwarzwald und dort im Besonderen die Region Hotzenwald hat eine bewegte Geschichte. Bereits zur Zeit der Karolinger wurde eine Gauteilung Süddeutschlands vorgenommen, wobei der Albgau zwischen dem Breisgau, dem Thurgau und dem Hegau »einsortiert« wurde. Heute gehört das Gebiet des einstigen Gaus zwischen der Wutach und der Wehra größtenteils zum Landkreis Waldshut-Tiengen.

Verglichen mit den touristischen Hotspots um die nahe gelegenen Räume Schluchsee oder Titisee geht es in dem Landstrich zwischen Faulenfürst, Bonndorf und Grafenhausen deutlich entspannter und naturbelassener, wenngleich landschaftlich mindestens ebenso verlockend und schwarzwaldromantisch zu.

Ein Schwarzwaldkleinod der besonderen Art stellt der zu Bonndorf gehörende Weiler Sommerau dar, wo sich mit dem Hotel-Gasthof Sommerau ein echtes Juwel findet. Wir ziehen von dort durch die weiten Wälder zwischen der Schlücht und der Steina mit ihren tief eingeschnittenen Tälern und tauchen dabei ein in eine wilde Waldwelt, in der weitestgehend Stille dominiert, zumindest bis wir den Schlüchtsee bei Grafenhausen erreichen. Dort ist während der Badesaison im Strandbadbereich am Wochenende ziemlich was los. Wobei uns auf dem Rückweg in die Sommerau die Stille schnell wieder einfängt.

Ein Teilbereich der Strecke – der sogenannte Ganterweg unterhalb von Bonndorf, der bis zu den Roggenbacher Schlössern führt – wird nur erfahrenen Bikern empfohlen. Der Trail am Hang entlang ist schmal

Vermutete Hinrichtungsstätte nahe dem Weiler Glashütte

Der Abzweig zum anspruchsvollen Ganterweg

Geheimtipp

Zusammen mit der nahe gelegenen Ruine der Burg Roggenbach zählt die Burgruine Steinegg zu den sogenannten Roggenbacher Schlössern. Von der einstigen Burg, die im 12. Jahrhundert oberhalb der Steina erbaut wurde, fällt heute besonders der mächtige Bergfried ins Auge. Vor Ort ist neben dem Turm ein Rest der einst sechs Meter hohen Ringmauer sowie der 20 Meter tiefe Halsgraben nebst einigen Erdwällen erhalten.

Idyllisch gelegen: Strandbad im Naturschutzgebiet Schlüchtsee

Ziemlich versteckt liegt am Talende die Sommerau.

Durchschnaufen an der Blockhütte im Bonndorfer Wald

Wegeschnittstelle Kreuzplatzhütte im Erlenbachtal

Besser einmal absteigen am Ganterweg

und teilweise recht ruppig und in jedem Fall mit Vorsicht, Bedacht und Rücksicht auf Wanderer zu befahren. Wer sich das nicht zutraut, kann über die L 170 hinunter zur Steina rollen und dort links die L 159 bis zum Wanderparkplatz Roggenbacher Schlösser nehmen, um wieder auf die Originalroute zu treffen.

Unser Wegverlauf

Wir folgen vom Parkplatz Sommerau-Weiher dem Weg rechts von der Steina mit ganz leichtem Anstieg bis zur Hummelhütte und passieren dabei einen links liegenden Biberbau. Direkt an der Hütte knicken wir scharf rechts ab und ziehen in den Wald hinauf bis zur Kreuzung Balzhauser Richtstatt, wo wir den Weg links wählen, der uns kerzengerade zwischen den Bäumen bis zur K 6592 führt.

Diese queren wir beim Gasthof Glashütte und halten uns dort erst halb links, dann rechts und rollen auf der Tiroler Straße durch den Wald bergab Richtung Holzschlag. Nach dem Landhaus Waldheim biegen wir in den zweiten Waldweg rechts ab und strampeln bergauf. Am folgenden Wegdreieck wählen wir die Route links und erreichen nach kurzer Fahrt das Sträßlein bei der Glaserbuckhütte.

Wir folgen der kleinen Straße rechts bis zum Mühlenbachwegle, in das wir links einbiegen, und folgen ihm bis zum Rastplatz Bonndorf Bahnbrücke. Hier kreuzen sich diverse Schwarzwaldrad- und wanderwege. Wir kreuzen die K 6592, halten uns rechts und gleich wieder rechts, rollen durch den Wald leicht abwärts, bis wir auf die Bonndorfer Waldallee treffen. Dort biegen wir bergab scharf rechts in den Fahrweg ein, um kurz darauf am Wegpunkt Alte Sägerstraße links den Waldweg zu nehmen.

Trail oder Landstraße?

Wie im Einleitungstext geschrieben, können hier die E-Biker, die sich den anspruchsvollen Ganterweg nicht zutrauen, geradeaus bergab zur Steinasäge fahren und von dort über die L 159 bis zum Wanderparkplatz Roggenbacher Schlösser bequem abkürzen.

Wir folgen dem Waldweg, der sich am Hang oberhalb der L 170 entlangschlängelt, bis zur Landstraße. Hier ist beim Überqueren Vorsicht geboten, da dort oft Motorradfahrer den Berg hinauf- bzw. hinabheizen.

Auf der anderen Straßenseite schlägt sich nun der Ganterweg als Pfad oder Trail regelrecht in die Büsche. Das ist zwar wildromantisch, erfordert aber fahrerisches Geschick und ein ständiges Ausbalancieren des Gleichgewichts.

Wir kurven abenteuerlich am Waldhang entlang, queren die Roggenbacher Straße und erreichen die Ruine Steinegg mit schönem Ausblick ins Steinatal. Links führt jetzt ein steiniger, ausgewaschener Weg rumpelig und kurvig bergab bis auf den Talgrund. Von dort können wir die Mauerreste der Roggenbacher Schlösser über uns aufragen sehen, ziehen aber auf dem Wanderweg neben Steina rechts bis zum Wanderparkplatz.

Genusstipp

In 16 Fischteichen im Schlüchttal wachsen in der **Forellenzucht Tannenmühle** etwa 10 000 Forellen heran. Beste Voraussetzung für exzellente Qualität liefert das sauerstoffreiche Schwarzwaldquellwasser, das hier auch im Sommer kühl bleibt. In 30 Variationen stehen die Forellen auf der Speisekarte der Tannenmühle. Der Fischliebhaber kann sie auch frisch, geräuchert, ganz oder filetiert kaufen.

■ *www.tannenmühle.de*

Über den Schlüchtsee zurück zum Sommerau-Weiher

Wir kreuzen die Landstraße und nehmen exakt gegenüber den Waldweg bergauf. Der Weg klettert kurvig höher, bis wir an einer großen Waldkreuzung auf die Kreuzplatzhütte mit ihrem Brunnen und dem schönen Rastplatz stoßen.

Es geht geradeaus mit ganz leichter Steigung weiter, meist rechts neben dem Erlenbach. Wir passieren einen aufgestauten Biberteich und zweigen an der T-Kreuzung nahe der L 170 scharf links ab. Wir stoßen auf den Hochstichweg, dem wir linksgerichtet weiter bis zum Schlüchtsee folgen. Hier bietet sich, je nach Jahreszeit und Witterung, im Strandbad (mit Kiosk) eine ausgiebige (Bade-)Pause an.

Wir nehmen die Hochstichstraße, die wir gekommen sind, bis zur Y-Kreuzung zurück, wählen dort aber die linke Abzweigung, die durch den Wald zur L 170 führt. Diese wird geradeaus waldwärts überquert und wir gelangen zur Ebersbacher Hütte. Dort halten wir uns halb rechts, ziehen abwärts durch den Wald und erreichen nach einer Rechts-, gefolgt von einer Linkskurve den Waldrand oberhalb von der Sommerau. Flott bergab landen wir nach zwei Minuten wieder am Parkplatz Sommerau-Weiher.

Schlemmertipp

Gasthof Sommerau

Am Ende eines schmalen Sträßchens, das sich entlang der oberen Steina canyonartig in den Wald bei Bonndorf schlängelt, liegt die Sommerau. Hier finden sich ein Schwarzwaldhaus, modern und trotzdem heimelig, ein naturbelassener Badeteich mit einem Saunahaus und eine grüne Pferdekoppel links und rechts des kleinen Flüsschens: Die Idylle ist perfekt. Wolfram Hegar, Patron und Chefkoch des Hauses, zaubert hier fantasievoll und nachhaltig Gerichte der badischen Küche, stets mit saisonalen Schwerpunkten, angereichert mit kulinarischer Raffinesse. Das ist auch den Testern des Michelin-Führers nicht verborgen geblieben: Sie spendierten der Sommerau ihren »Big Gourmand«, eine Auszeichnung für Restaurants, die hervorragende Menüs zu einem besonders guten Preis-Leistungs-Verhältnis anbieten.

■ *Sommerau 1, 79848 Bonndorf, Tel. 07703/670, www.sommerau.de*

Hotel-Gasthof Sommerau mit Badeteich und Saunahaus

mittel | 45 km | 530 Hm | 3 Std.

Auf einen Blick

Tourencharakter
Kurze Strecken innerorts asphaltiert, kurze Strecken Landstraße. Gut befahrbare Forstwege, kurze Strecken rustikale Pfade

Ausgangs-/Endpunkt
Gasthaus Sommerau, Parkplatz. Parkplätze am Sommerau-Weiher gebührenfrei
GPS 47.81686, 8.25714

Anfahrt
Per Bahn und Bus: Sommerau, Bonndorf und Grafenhausen sind per Bahn nicht direkt zu erreichen. Der nächstgelegene Bahnhof ist Schluchsee-Seebrugg, von dort aus Busverkehr zumindest bis Bonndorf.
Per Pkw: Von Frankfurt, Karlsruhe oder Basel über die A5, Ausfahrt Freiburg-Mitte. Dann über die B31 bis Titisee, dort über die B500 Richtung Schluchsee und über die B315 Richtung Bonndorf. Von Stuttgart oder München über die A81, Ausfahrt Autobahndreieck Bad Dürrheim, dann Richtung Freiburg B31 und über die B33 bei Donaueschingen Richtung Bonndorf. In Bonndorf der Beschilderung Grafenhausen und Sommerau folgen (L170).
Nach ca. 3 km (nach dem Gasthof Steinasäge) rechts abbiegen und der Beschilderung »Gasthof Sommerau« folgen. Nach 5 km entlang des Bachs Steina wird das Ziel erreicht.

VERTRÄUMTE KLOSTERINSEL RHEINAU

21

Grenzgängertour am Hochrhein

Dort, wo die Vorbergzone des Südschwarzwalds in die Hochrheinebene mündet, liegt der Klettgau. Wald, Wiesen und etwas Wein – mittendrin der Grenzfluss zur Schweiz. Wir ziehen durch Dörfer, queren Flüsse und rasten im ehemaligen Kloster.

Die deutsch-schweizerische Grenze zwischen dem Bodensee und Basel verläuft weitestgehend mittig im Rhein. Lediglich der Kanton Schaffhausen stülpt sich mit knapp 300 Quadratkilometern nördlich des Flusses nach Deutschland hinein. Auf unserer Grenzgängertour wechseln wir mehrmals die Landesgrenzen, wobei natürlich die alten Schlagbäume längst der Vergangenheit angehören.

Die Ausläufer des Südschwarzwalds im Rücken und die hügeligen Regionen des Thurgaus und des Aargaus rechtsrheinisch genießen wir das genüssliche E-Bike-Cruisen in der Nähe des völkerverbindenden Stroms. Da wir uns den Großteil der Strecke ohne signifikante Steigungen voranbewegen, eignet sich dieser Tourenvorschlag für Familien wie auch für Senioren besonders. Aber auch sportlichen E-Bikern ist diese Runde zum zwischenzeitlichen Ausrollen empfohlen, da die Streckenführung auf deutscher wie auf schweizerischer Seite ihre landschaftlichen Reize hat. Wir durchfahren malerische Dörfer mit verschlafenem Ortskern, queren vom Klettgau ins Thurgau auf der über 200 Jahre alten hölzernen Zollbrücke über den Rhein, stoppen auf der romantischen und sehenswerten Klosterinsel Rheinau und rollen durch die Auenlandschaft lässig am Rhein entlang.

Einige wenige Anstiege auf Schweizer Gebiet heißt es zu meistern, bevor es bei Eglisau zurück über den Rhein und wieder auf deutsches Hoheitsgebiet geht.

Geheimtipp

In einer Doppelschleife des Rheins liegt auf der Insel Rheinau das spätgotisch-barocke Kloster mit der ehemaligen Stiftskirche St. Maria: ein Prunkstück des Hochbarocks in der Schweiz mit bewegter Geschichte. Die ehemalige Benediktinerabtei wurde 1862 aufgehoben, beherbergte bis zum Jahre 2000 eine psychiatrische Klinik und wird seit 2003 wegen seiner Raumakustik und Ästhetik als Probezentrum für Musiker genutzt.

Schloss Rötteln an der Rheinbrücke bei Hohentengen

Alte Zollbrücke bei Rheinau, nur einspurig befahrbar

Reste der Römerbrücke im Wald bei Jestetten

Breit wie ein See: Mündung der Töss in den Rhein

Mitten im Rhein: Kirche des ehemaligen Klosters Rheinau

Mediterrane Anmutung: Weingut Clauß in Nack

Befahrbar ist diese legere Runde sehr gut mit dem E-Trekkingbike, mit dem E-Gravelbike, ja sogar mit dem E-City-Bike, da die Bodenbeschaffenheit dies gut zulässt. Die Streckenbeschilderung ist insgesamt recht gut, in Deutschland sind es die weißen Pfeile mit grünem Text, in der Schweiz sind es die roten Schilder mit weißem Text.

Unser Wegverlauf

Vom Parkplatz am Sportplatz aus fahren wir geradeaus die wenigen Meter bis zur Hauptstraße, biegen links ab und verlassen Hohentengen auf dem Radweg. Wir erreichen bald das alte Zollhaus in Günzgen und passieren die Grenze zur Schweiz.

Wald, Wiesen und Fachwerk

Wir radeln auf dem Weg neben der schmalen Landstraße und biegen am Ortsende von Wasterkingen halb links in die Untere Heinisolstraße, die uns zwischen Waldrand und Feldern nach Hüntwangen führt. Dort kreuzen wir die Bahnhofstraße, nehmen

Kulturdenkmal: historische gedeckte Holzbrücke Rheinau

Wander- und Radsteg über die Töss bei Tössegg

den ersten Abzweig rechts und gleich darauf links die Farbstraße, die uns nach Will bringt.

Wir folgen der Dorfstraße bis zur Ortsmitte, biegen dort rechts in die Bodenstraße, die uns in das kleine Dorf Rafz mit seinem schönen Ortskern und alten Fachwerkhäusern leitet. Wir verlassen das Dorf auf der Landstraße, passieren die alte Zollstation, fahren einen Bogen am Fuß des Schneckenbergs und ziehen – jetzt wieder auf deutschem Boden – nach Lottstetten und in den »Jestetter Zipfel« hinein.

Über die Wiesenstraße und den Kapellenweg verlassen wir links ausgerichtet das Dorf und fahren entlang der Bahnlinie bis zur L 163, biegen dort rechts ab, verlassen den folgenden Kreisverkehr geradeaus in die B 27 und biegen nach wenigen Metern rechts in die Volkenbachstraße ein.

Über die Alte Zollbrücke zur Klosterinsel

Wir folgen ihr in rasanter Bergabfahrt, vorbei an der Talmühle, verschiedenen Angelteichen und der sogenannten Römerbrücke über den Volkenbach, bis wir den Rhein und die Alte Zollbrücke erreichen. An dieser Stelle existierte bereits im Mittelalter eine Verbindung zwischen Klettgau und Thurgau. Die heute noch existierende Holzbrücke, über die der Verkehr fließt, stammt von 1806. Wir überqueren hier vorsichtig den Rhein, immer mit einem

Auge aufs Brückenende, da die Durchfahrbreite lediglich einen Pkw zulässt und keine Ampelanlage vorhanden ist. Auf Schweizer Seite schalten wir den Motor zu und steigen einen kurzen Stich steil an, zweigen noch am Hang links in die Ortsmitte von Rheinau ab, um dort wieder links zur Klosterinsel hinunterzurollen.

Genusstipp

Dass auch im Klettgau und somit im entlegendsten Winkel des Ländles vortrefflich Weinbau betrieben wird, beweist das **Weingut Clauß** seit über 20 Jahren. Die hier produzierten Pinot Blancs, Pinot Noirs, Sauvignon Blancs und Müller-Thurgaus brauchen den Vergleich zu den großen Gewächsen der badischen Konkurrenz bezüglich Würze, Kraft und Finesse nicht zu scheuen.
■ *www.weingutclauss.de*

Auenwälder und Wasserwelten

Nachdem wir uns angemessen umgesehen und pausiert haben, steigen wir wieder zur Ortsmitte hoch, verlassen Rheinau zunächst auf der Poststraße und halten uns beim Hallen- und Freibad halb rechts auf die Ellikonerstraße. Nach wenigen Metern biegen wir rechts in den Rheinuferweg ein, der uns ganz nahe am Wasser durch den Auwald lenkt, bis wir Ellikon erreichen.

Wir zweigen rechts ab zum Anlegeplatz der Nacker Fähre und halten uns durch die Thurauen weiter auf dem Fuß- und Radweg bis zur Thurbrücke von Flaach. Wir queren den Fluss Thur und ziehen durch den Wald und über weite Wiesen nach Flaach. Vorbei am Schloss Flaach nehmen wir rechts die Moosstraße und kurz danach links die Bergstraße hinauf. Diese führt durch Berg am Irchel und weiter in einer spannenden, kurvenreichen Abfahrt nach Teufen. Am Ortsende zweigen wir rechts in die Rheinstraße ab, die uns hinunter zum Tössegg bringt, wo die Töss in den Rhein mündet.

Zurück nach Hohentengen

Auf dem Fuß- und Radsteg überqueren wir die Töss und ziehen links des Rheins nun durch den Mischwald locker am Hang nach Tössried und weiter nach Eglisau. Wir zweigen rechts auf die Zürcherstraße ab, überqueren zum wiederholten Mal den Rhein und biegen gleich nach der Linkskurve links in den Rhiweg ab. Dann unterqueren wir das Eisenbahnviadukt und erreichen über den Wasterkingerweg den Wald, den wir durchfahren und beim Amphitheater Hüntwagen nach links gerichtet verlassen. Wir ziehen geradeaus über den Feldweg neben der Landstraße, auf die wir kurz vor dem Grenzübergang Günzgen abbiegen.

Nun wieder in Deutschland folgen wir dem bekannten Radweg zurück zum Parkplatz am Sportplatz.

Schlemmertipp

Wirtshaus Zum Buck
Auch in der Schweiz immer seltener zu finden, wird hier im Wirtshaus Zum Buck noch währschafte Schweizer Küche – verlässlich, solide, nahrhaft – nach traditionellen Rezepten angeboten und viel mit Produkten aus der Umgebung gekocht. Das 500 Jahre alte Haus, das seit vielen Jahrzehnten als Wirtshaus dient, wurde 2010 behutsam renoviert, wobei der Charme der guten alten Zeit erhalten blieb. Ein wunderschöner Biergarten mit Blick auf die Klosterinsel und – für Schweizer Verhältnisse – erfreulich moderaten Preisen.
■ *Buckstrasse 1, CH-8462 Rheinau, Tel. +41 52/319 12 68, www.buck-rheinau.ch*

Weingut Clauß inmitten der sanften Klettgau-Rebhügel

leicht | 52 km | 280 Hm | 2,5 Std.

Auf einen Blick

Tourencharakter
Wir fahren links des Rheins fast ausschließlich auf geteerten kleinen Straßen und Sträßchen, kurz auf gut befahrbaren Waldwegen. Rechts des Rheins auf gewalzten Rad- und Waldwegen, am Ende der Tour wieder auf Asphalt.

Ausgangs-/Endpunkt
Hohentengen am Hochrhein, Gratisparkplatz am Sportplatz, Weiherstraße, 79801 Hohentengen am Hochrhein
GPS 47.57177, 8.43672

Anfahrt
Per Bahn und Bus: Über Waldshut, etwas kompliziert in der Vorbereitung
Per Pkw: Über die A 5 Karlsruhe-Basel, Ausfahrt Freiburg-Mitte, weiter über die B 31 bis Titisee, dort die B 317 bis zum Schluchsee und weiter auf der B 500 nach Waldshut, dort auf der B 34 Tiengen bis zur Abzweigung Hohentengen. Über die A 81 Stuttgart-Bodensee, Ausfahrt Donaueschingen, weiter über die B 27 Richtung Schaffhausen bis Abzweigung B 314, Richtung Waldshut. In Ofteringen links ab nach Klettgau-Erzingen, dort weiter nach Klettgau-Grießen über den Berg nach Hohentengen.

AM FLUSS UND IN DEN REBTERRASSEN

22

Rhein- und Weinrunde

Diese abwechslungsreiche Tour am Westrand des Kaiserstuhls mutet mit 60 Kilometern auf den ersten Blick eher anstrengend an – da aber ein Gutteil der Strecke eben am Rhein entlangführt, halten sich die Steigungen insgesamt in Grenzen. Gut mit dem E-Trekking- oder E-Gravelbike zu bewältigen.

Am Westrand des Kaiserstuhl-Vulkans bildet der Rhein die Grenze zum Elsass. An ihm entlang führt ein recht gut ausgebauter, gewalzter Radweg, der meist wunderbar zu befahren ist. Mit dem Strom auf der linken Seite und den Auwiesen bzw. dem Auwald rechts des Wegs sowie den Kaiserstuhl-Rebbergen im Hintergrund bietet sich dem E-Biker ein nicht alltägliches Szenario.

Unsere Runde streift auch die ehemalige Freie Reichsstadt Breisach am Rhein, die historisch als »Mutter des Breisgaus« bezeichnet wird. Beherrscht wird sie vom mächtigen Münster auf dem gleichnamigen Berg, das wegen der Aussicht über die Stadt und der im Inneren verborgenen Kunstschätze einen Abstecher wert ist.

Auch passieren wir die Schiffsanlegestelle an der Breisacher Rheinuferstraße, wo regelmäßig die Boote für die Flusskreuzfahrten an- und ablegen. Bei entsprechender logistischer Vorbereitung lässt sich auch eine Rad- mit einer Bootstour, etwa ins schweizerische Basel oder ins elsässische Colmar kombinieren.

Geheimtipp

Hoch über Breisach thront auf dem Münsterberg der mächtige Komplex des St.-Stephans-Münsters. Die Anfänge des Kirchenbaus werden in das 12. Jahrhundert (spätromanische Zeit) datiert, wobei die Anlage über die Jahrhunderte bis in die Gotik ständig erweitert wurde. Äußerlich auffällig sind die beiden unterschiedlichen Kirchtürme – im Inneren finden sich kunsthistorische Schätze.

Schiffsanleger Breisach: Start für Rheinkreuzfahrten

Wehr am Seitenarm des Rheins bei Sasbach

Schmuckstück: hölzerner Hochaltar im Stephansmünster

Weithin sichtbar: das Breisacher Münster hoch über der Stadt

Weiter Blick vom Limberg über Sasbach bis zum Totenkopf

Das Wehr am Rheinarm verfügt über eine Fischtreppe.

Der rechtsrheinische Rheinradweg führt von Breisach bis Kehl.

Die Krebsberghütte oberhalb der Weingemeinde Ihringen

Der schöne Ortskern von Burkheim

Auch die für den Kaiserstuhl typischen Weinbergterrassen kommen bei dieser Fahrt nicht zu kurz. Wenn wir den rechtsrheinischen Rheinradweg bei Sasbach verlassen, um auf den Limberg zum Kaiserstuhlblick aufzusteigen, zeigt sich der Elektromotor des Bikes als äußerst nützliche Unterstützung. Belohnt werden die Bergkletterer mit einem sensationellen Blick über Weinberge, den Rhein mit seinen Auwäldern und die Vogesen.

Auch auf dem Rückweg von Sasbach nach Achkarren hat das E-Bike Gelegenheit, seine Vorzüge beim Stromern durch die Rebberge von Bischoffingen oder Oberrotweil mit ihren vorzüglichen Weinlagen wie Käsleberg, Eichberg oder Steingrubenberg voll auszuspielen.

Unser Wegverlauf

Wir halten uns an der Schlossbergstraße kurz rechts, Richtung Ortsausgang, nehmen sofort die erste Straße links und biegen nach kurzer Fahrt vor dem Friedhof links in den Winzerweg ein. Wir folgen nun der Straßenführung immer am Ortsrand unterhalb der Weinberge entlang, bis wir nach einem Linksbogen auf die Bickensohler Straße treffen. Hier biegen wir rechts ab, steigen auf Asphalt leicht an, um in der ersten Linkskurve den Weinbergweg rechts und an der ganz kurz darauffolgenden Y-Gabel den Weg links zu wählen.

Im Auf und Ab durch die Weinberge

Durch die Rebterrassen des Bickenbergs steigen wir nun bis zum Wegpunkt Bachenbückle an und halten uns dort rechts, weiter bergauf, vorbei am Panoramablick Totenkopf bis zum Womo-Stellplatz Rischbuhl, wo wir rechts parallel zum Hang einem Wiesen- und Feldweg folgen. Dieser schlängelt sich holprig im Auf und Ab durch die Reben, bis wir die Krebsberghütte oberhalb von Ihringen erreichen.

Vom Hüttenpavillon aus fahren wir im großen Rechtsbogen nach Ihringen hinunter, durchqueren den Ort, um am Ortsende halb links auf den Radweg neben der Tunibergstraße Richtung Merdingen abzubiegen. Vorbei am Kaiserstuhlbad, biegt der Radweg kurz vor Merdingen rechts ab, wir stoßen auf die K4979, der wir bis nach Gündlingen folgen.

Ausguck vom Limberg zur Limburg und über die Rheinauen

Steigungsfreies Biken zwischen Auwald und Rhein

Immer am Rhein entlang

Dort halten wir uns am Ortsende rechts weiter auf der K 4979, die uns vor Hochstetten zur B 31 bringt, welche wir über eine Fahrradbrücke queren, um auf der anderen Straßenseite den Radweg rechts nach Breisach einzuschlagen. Am Radwegende am Breisacher Kreisel führt uns der Weg über die Möhlin und nach der Brücke rechts auf die Rheinuferstraße, die uns zur Schiffsanlegestelle bringt.

Wir fahren zunächst rechts Richtung Stadt und nehmen gleich die erste Straße links am Fuße des Münsterbergs, die uns durch den Park des Weinfestgeländes bringt und

Kaiserstuhlhighlight: das historische Weingut Bercher

Blumenschmuck am Stockbrunnen in Leiselheim

als Hafenstraße stadtauswärts führt. In Höhe von Kläsles Restaurant am Rhein verlassen wir die Hafenstraße nach links auf den Radweg, der nach einem Linksschwung als Rheindamm oder Rheinradweg parallel zur Wasserstraße nördlich wie ein Strich in der Landschaft verläuft.

Wir verbleiben nun kilometerlang auf dem wunderbar zu befahrenden Weg, passieren im Rheinwald die glitzernde Wasserfläche des Burkheimer Baggersees, den Nauticclub, den Sportplatz Burkheim und das Kulturwehr. Kurz darauf verlassen wir nach rechts abbiegend den Rhein und erreichen vorbei an der Limburghalle und der Winzergenossenschaft den Weinort Sasbach.

Über den Kaiserstuhlblick

Wir durchstromern den Ort, indem wir uns halb links halten, und nehmen die Straße Am Rhein ortsauswärts, um außerorts bei der Abzweigung Lützelberg rechts, sofort darauf wieder links und die nächste wieder rechts in die Weinbergwege des Limbergs einzusteigen. Wir schrauben uns in Serpentinen nach oben, knicken beim Wegzeichen Keltenwall links über den Buckel ab und erreichen nach einer Rechts-links-Kurvenkombination den schmalen Trail hinauf zum Kaiserstuhlblick oberhalb der Mauerreste der Limburg.

Wir gönnen uns eine Rast mit Blicken hinüber zu den Vogesen, über den Rhein und über den Kaiserstuhl. Auf dem Weg

Weitsicht vom Rischbuhl: Rebland, so weit das Auge reicht

des Aufstiegs sausen wir wieder hinab nach Sasbach, radeln zum Bahnhof und von dort rechts über den Eschenweg zur Weinstraße, die bald halb rechts als Leiselheimer Weg nach Leiselheim führt – wo sich Café und Vesperstube Lissele neben dem Stockbrunnen als Zwischenstopp anbieten.

Zurück nach Achkarren

Gestärkt nehmen wir die letzte Etappe in Angriff und steigen am Ortsende links vorbei am Seminarhaus Kaiserstuhl am Lindenbuck hoch, nehmen den Weinbergweg rechts unterhalb der Eckwaldhütte zum Wegzeichen Bischoffinger Weg. Wir durchqueren erst Bischoffingen, dann via Steinbuck und Eichberg auch Oberrotweil.

Nach dem Überqueren der Hauptstraße fahren wir ins Ellenbuchtal hinein. Wir folgen zunächst dem Wanderweg im Talgrund, halten uns dabei unten halb links, um dann an der linken Talseite leicht anzusteigen und gegen Ende des Tals nach einem rechten Haken einen straff steilen und steinigen Anstieg hinauf zur Achkarrer Straße zu nehmen.

Dort treffen wir wieder auf den Wegpunkt Bitzenberg und fahren auf der bereits bekannten Route vom Herweg zurück zum Ausgangspunkt, dem Parkplatz an der Winzergenossenschaft Achkarren.

Genusstipp

Seit über 300 Jahren ist Burkheim Heimat der Winzerfamilie Bercher. 1756 erbaute Franz-Michael Bercher das Gutshaus, das bis heute im Familienbesitz und der Sitz des **Bercher'schen Weinguts** ist. Auf seinen Hauptlagen Burkheimer Feuerberg, Burkheimer Schlossgarten, Jechtinger Eichert und Sasbacher Limburg arbeitet das Weingut mit Humus aus Grünschnitt, Kompost und Pferdemist.
■ *www.weingutbercher.de*

Weißburgunder Trauben von Bercher aus der Spitzenlage Burkheimer Feuerberg

mittel | 62 km | 400 Hm | 3,5 Std.

Auf einen Blick

Tourencharakter
Wir fahren auf gewalzten und geschotterten Weinbergwegen, auf asphaltierten Kreisstraßen und Radwegen, auf einem Superradweg entlang des Rheins und auf einwandfrei und gut befahrbaren Wiesen- und Wanderwegen.

Ausgangs-/Endpunkt
Gratisparkplatz an der Winzergenossenschaft Achkarren, Schlossbergstraße 2, Achkarren
GPS 48.06673, 7.62220

Anfahrt
Per Bahn: Vogtsburg verfügt über drei Bahnhöfe (Achkarren, Burkheim/Bischoffingen und Oberrotweil) sowie über zahlreiche Bushaltestellen, welche über die sieben Ortsteile verteilt sind.
Per Pkw: A 5 Karlsruhe-Basel, Ausfahrt Freiburg Mitte, dann auf die B 31a in Richtung Gottenheim, weiter über die L 115 nach Vogtsburg und den Teilort Achkarren

Schlemmertipp

Gasthaus Zur Sonne
Die Geschichte des traditionsreichen Hauses mitten in Wasenweiler geht bis 1727 zurück und ausgesprochen herzliche badische Gastlichkeit ist auch heute noch dort zu Hause. Auf der Karte findet sich ein stattliches Angebot regionaler Klassiker wie Badischer Sauerbraten mit hausgemachten Spätzle, saure Leberle vom Rind mit Brägele oder Ochsenzunge in Burgundersoße. Vor allem der Innenhof des Gasthauses – dort, wo früher die Reben nach der Ernte angefahren wurden – lädt in den Sommermonaten zum längeren Sitzenbleiben ein, denn die mediterrane Atmosphäre dort macht Laune und Appetit.

■ *Hauptstraße 21, 79241 Wasenweiler, Tel. 07668/229, www.sonne-wasenweiler.de*

Register

Die reetgedeckte Landwasserhofmühle von 1760 gilt als eine der schönsten des Schwarzwalds.

Ebenfalls erhältlich …

ISBN 978-3-86246 996-3

ISBN 978-3-86246-771-6

ISBN 978-3-86246-831-7

ISBN 978-3-86246-925-3

J. BERG

www.j-berg-verlag.de

Impressum

Verantwortlich: Katja Treu
Redaktion, Lektorat und Satz: mcp concept GmbH
Covergestaltung: Mathias Frisch / Rudi Stix
Layout- und Reihengestaltung: Mathias Frisch / Anna Lena Ibiş
Repro: LUDWIG:media
Kartografie: Bruckmann Verlag GmbH, Heidi Schmalfuß
Herstellung: Bettina Schippel

Printed in Poland by CGS Printing

★ ★ ★ ★ ★

Sind Sie mit diesem Titel zufrieden? Dann würden wir uns über ihre Weiterempfehlung freuen. Erzählen Sie es im Freundeskreis, berichten Sie Ihrem Buchhändler, oder bewerten Sie bei Onlinekauf. Und wenn Sie Kritik, Korrekturen, Aktualisierungen haben, freuen wir uns über Ihre Nachricht an Bruckmann Verlag, Postfach 40 02 09, D-80702 München oder per E-Mail an lektorat@verlagshaus.de.

Unser komplettes Programm finden Sie unter: www.j-berg-verlag.de

In diesem Buch wird aus Gründen der besseren Lesbarkeit das generische Maskulinum verwendet. Weibliche und anderweitige Geschlechteridentitäten werden dabei ausdrücklich mitgemeint, soweit es für die Aussage erforderlich ist.

Bildnachweis

Uli Weissbrod: S. 16, 19, 30, 41, 42, 43, 44, 47, 48, 50, 61, 62, 63, 64, 65, 69, 70, 76, 79, 85, 86, 87, 89, 92, 93, 95, 99, 100, 101, 102, 103, 105, 109, 113, 115, 116, 118, 119, 121, 127, 133, 136, 137, 138, 139, 143, 149, 150, 152, 153, 154, 155. Jürgen Jojo Schwitzkowski: S. 2, 10, 14, 26, 27, 32/33, 41, 42, 45, 55, 57, 67, 83, 100, 104, 113, 120, 123, 127, 131, 133, 138. Hochschwarzwald Tourismus: S. 5, 18, 20/21, 65, 85, 127, 128, 129, 131. Tourismus Marketing Baden-Württemberg: S 3, 18, 61, 75, 91, 92, 123. Enzklösterle Tourismus: S. 4, 23. Löffingen Tourismus: S. 6, 133. Tourismus Nördlicher Schwarzwald, Alex Kijak: S. 8. Hotzenwald Tourismus: S. 9. Touristinfo Ottenhöfen: S. 18, 35, 36, 39. Gemeinde Lautenbach: S. 35. Renchtal Tourismus: S. 36, 37, 49, 50, 51. Zweitälerland Tourismus, D. Hanselmann: S. 41. Murgtal Tourismus, Christiane Pfaff: S. 55. Schwarzwald Tourismus: S. 61, 77. Dreisamtal Tourismus: S. 62, 64. Stadt Reichenbach: S. 69, 70. Stadt Lahr PR: S. 72. Freiamt Tourismus: S. 75. Naturgarten Kaiserstuhl, P. Littner: S. 96/97, 99, 102, 151. Bernau Tourismus: S. 107, 108. Touristinfo Dachsberg: S. 113. Touristinfo Nöggenschwiel, Klaus Hansen: S. 117. Pixabay: S. 18, 23, 42, 57, 115. Wikimedia CC BY-CC 3.0: Franck Vincentz, S. 11, 30, 56, 57; Hansueli Krapf, S. 13; Dg-505, S. 23, 59; Harke, S. 27, 28, 29; qwesy qwesy, S. 28; Hajott59, S. 56; Taxiarchos228, S. 62; Adrian Michael, S. 75; Adrian Thomale, S. 77; baden.de, S. 83; CrazyD, S. 90; SEM, S. 123; Avi1111, S. 128; Pyraniton, S. 143, Chriusha, S. 143. Wikimedia CC BY-SA 4.0: joergens.mi, S. 5, 86, 87, 149; slashtom, S. 5; Berlinaut, S. 19; Pascal Dihé, S. 19; Pjt56, S. 23; Huschmitt, S. 35; Andreas Eichler, S. 49; Domspetz, S. 50; kalakaar, S. 55; Gregor Julien Straube, S. 73; Tilmann2007, S. 80; Gerd Eichmann, S. 81, 145; Submeir, S. 81; Thomas berwing, S. 91; PantaRhei, S. 111; Roland h, S. 144; Jag9889, S. 145; W. Bulach, S. 149. Wikimedia gemeinfrei: Karthoo, S. 15, 28, 55; 129.
Umschlagvorderseite: E-Bike-Tour im Schwarzwald oberhalb des Titisees (Shutterstock/Umonos)
Umschlagrückseite: Die Rainbauernmühle, eine von neun restaurierten Mühlen rund um Ottenhöfen (Tour 3; Touristinfo Ottenhöfen)
llustrationen: Shutterstock: Berglandschaft (VladisChern), Mühle (Danussa), Gewässer mit Schilf (Melok), Hügellandschaft (first vector trend), Bäume (akr11_ss), Hügellandschaft (valentina-sergiy), ländliche Landschaften (aksol), Werkzeug (podtin), Fahrradbrille, -handschuhe, Trinkflasche, Taschenmesser (Z-art), Fahrradhelm (v4ndhira), Wirtshausschild (Vector Tradition), Bank (Zdenek Sasek), Torte, Cupcake, Törtchen (Prokhorovich), Beeren, Blätter (Jane_Mori), Blume (Niko94), Bierkrüge (Kseniya Art)
www.freepik.com: Reifenspuren, Radfahrersilhouetten, Fahrradhelm, Luftpumpe, Mountainbikefahrer, Silhouetten Nadelbäume

Die Deutsche Nationalbibliothek verzeichnet diese Publikation in der Deutschen Nationalbibliografie; detaillierte bibliografische Daten sind im Internet über http://dnb.d-nb.de abrufbar.

Infanteriestraße 11a, 80797 München

ISBN 978-3-86246-875-1